La oposición al totalitarismo en Cuba y en Venezuela

Pedro Corzo

PUBLISHING HOUSE
MIAMI

ISBN: 978-1523700233

www.alexlib.com

A la memoria de Rogelio W. Cisneros, Presidente de Honor del Instituto de la Memoria Histórica Cubana contra el Totalitarismo, un cubano profundamente comprometido con los valores de la democracia y la libertad en su país y en todo el continente.

ÍNDICE

Prólogo a un análisis histórico
y propuesta de lucha, 9

Preámbulo, 13

Capítulo I. Control y Ordenamiento Social.
Analogías, 19

Capítulo II. La Oposición, 33

Capítulo III. Particularidades de los modelos
despóticos instaurados en Cuba y Venezuela, 44

Capítulo IV. Cuba, Totalitarismo Carismático, 55

Capítulo V. Reflexiones sobre las condiciones y
posibilidades de la oposición política en Cuba, 68

Capítulo VI. Etapas de la Oposición, 79

Capítulo VII. El Exilio, 129

Capítulo. VIII. Venezuela, 161

Capítulo IX. Chávez, el autócrata, 171

Capítulo X. El despotismo electoral chavista, 187

Capítulo XI. La oposición ante el chavismo, 191

Prólogo a un análisis histórico y propuesta de lucha

"La tiranía totalitaria no se edifica
sobre las virtudes de los totalitarios,
sino sobre las faltas de los demócratas".
Albert Camus.

"Bosquejos sobre la oposición política al totalitarismo y socialismo del siglo XXI. Cuba y Venezuela" obra ensayística, bajo la firma Pedro Corzo, logra que el lector reflexione profundamente sobre los regímenes totalitarios de nueva factura, que a partir de la segunda mitad del siglo XX y lo que ha decursado del XXI, calcando patrones de estrategia política e intimidatoria de la mal llamada Revolución Cubana y valiéndose de mecanismos democráticos, se han enquistado en algunos países de Hispanoamérica.

Pedro Corzo, ensayista, periodista y documentalista, en esta nueva entrega dedica la primera parte del estudio a analizar el régimen castrista repasando, desde la matriz hasta la actualidad, su origen, motivaciones y métodos de subyugación que, partiendo de una impostura mesiánica, por más de medio siglo se ha señoreado en la isla de Cuba al tiempo que lo exportaba a otras naciones del hemisferio, tomando en cuentas las incursiones africanas.

Al redactar este prólogo para los capítulos que conciernen a la Cuba presente y a la democracia en el mundo actual, sobre todo en nuestro hemisferio americano, enfatizando el sur de habla castellana, debo citar un artículo surgido de la pluma del catalán Rafael Argüello, publicado en la prensa española que se titula: "Indefensos ante la manipulación". El filosofo, narrador, poeta y ensayista en el trabajo mencionado dice: "*El mundo de ayer*, de Stefan Zwieg, es una lección magistral de cómo los totalitarismos del siglo pasado, al provocar la demolición del vínculo entre palabra y verdad, consiguieron de paso extirpar el espíritu de los hombres".

Y esa preocupación por desenmascarar la esperanza tramposa que nunca llega, falsea la palabra y se obstina en arrancar la memoria humana, la encontramos en las páginas de la obra de Pedro Corzo que, saltando por encima de los miedos generacionales, transitorios y acomodaticios, sacude el pensamiento para demostrar que los errores de ayer no constituyen ineludibles patrones de conducta prestos a repetirse, cada cierto tiempo, en la historia de pueblos y naciones.

"Bosquejos sobre la oposición política al totalitarismo y socialismo del siglo XXI. Cuba-Venezuela", va más allá del análisis y estudio expositivo de los totalitarismos contemporáneos. El libro advierte de las trampas que aguardan a partir de adulterar la historia por medio del terror, una educación dirigida, sobre todo, a borrar el pasado y reescribir, con pretensiones de hechos definitivos, una versión desmemoriada del lógico y hereditario devenir nacional, para concluir encerrando la verdad natural en un presente constante, lleno de referencias heroicas, digno de la Ilíada y la mirada ciega del poeta Homero.

Pedro Corzo, arrancando de esa tesis que subyace en cada palabra, oración y párrafo de este ensayo, tomando la experiencia de vida y lucha que ha constituido la existencia física de varias generaciones de cubanos, al tiempo que desmenuza los mecanismos de control absolutistas y los despoja de la ponzoña que se refugia en el porvenir quimérico que malogra el presente y al mejor estilo del dios Saturno, en guía anticipada, devora el porvenir, muestra y propone los senderos y tácticas de lucha que la oposición cubana, tomando distancia del siempre pecado original que los teóricos del inframundo castrista lanzan sobre todo síntoma de disensión blanda u oposición activa, debe estructurar con sentido amplio, novedoso y variado de las estrategias a desarrollar, para no caer en las trampas o variantes provocadoras que la tiranía totalitaria, dueña absoluta de recursos y medios informáticos despliega para, antes del nacimiento, abortar o deformar a la peligrosa criatura que una oposición pragmática, libre de ataduras y atavismos innecesarios, alimento predilecto que los auriga del desmadre castro-comunista necesitan para socavar y terminar destruyendo los brotes nuevos e irreversibles.

Este texto nos enseña que la primavera es posible, pero con ella deben desaparecer los miedos y egoísmos que, alentados por el castrismo, suscitan en muchos cubanos el deseo de emigrar en espera que otros compatriotas o naciones cercanas o lejanas resuelvan la situación imperante. Eso, junto a un párrafo del capítulo II del libro que reza: "Asumir el manejo absoluto de la gestión económica fue fundamental para la dictadura. Impedir la independencia financiera de los ciudadanos y hacerlos exclusivamente dependientes del estado, son factores claves para la permanencia en el poder", nos da la justa medida del daño que más de medio siglo de oscurantismo político y social ha causado al sentido real de independencia nacional e individualidad del cubano al mellar, frente a cualquier situación de vida cotidiana, la iniciativa espontánea y personal. Para el cubano de la Isla siempre hay un funcionario gubernamental presto a asumir su responsabilidad y encontrar paliativo, en lontananza, para sus afecciones materiales o morales.

Por eso es tan necesario, enuncia el autor, que el exilio y la oposición interna mantengan vínculos estrechos de cooperación y trabajo, siendo responsabilidad del exiliado brindar asesoramiento y ayuda material, de todo tipo, a aquellos que en el territorio nacional "contra viento y marea" no han claudicado ante la agresividad, chantaje y represión desmedida del régimen totalitario.

Ahora, en momentos difíciles, como nunca antes existieron en la historia de Cuba, donde las palabras soberanía y nacionalidad las pretenden transmutar en sinónimo de extremismo, para en ecuación de monedas áureas, encomiendas y encomenderos, retrotraernos a un pasado, mejorado y refrigerado, de mansedumbre fatal, es que leer este libro es tarea de todo aquel que más allá de las explicaciones teóricas busca la vía de entender. Entender y estructurar una resistencia activa, joven y dinámica que nacida, en parte, de las entrañas del despotismo totalitario, terminará por aniquilarlo. "Bosquejos sobre la oposición política al totalitarismo y socialismo del siglo XXI. Cuba-Venezuela", es un compendio de lo acontecido y por qué sucedió, pero también es un manual de herramientas que asimismo enseña como emplearlas contra el fantasma insepulto del castrismo y la nebulosa embaucadora del llamado socialismo del siglo XXI.

La senda que conduce al mañana cubano es escabrosa y quienes ya la han emprendido y aquellos que se alistan para sumarse a las diferentes etapas de la marcha no pueden pasar por alto la advertencia de Pedro Corzo: "Un régimen que se sostiene sobre preceptos excluyentes y absolutistas tiene a su disposición numerosos medios para promover y asentar su propuesta, e imposibilitar el desarrollo de los agentes que puedan afectarle".

J. A. Albertini.
Miami.
Otoño 2015.

Preámbulo

Es necesario establecer una diferencia en los orígenes de la dictadura carismática cubana y el despotismo del denominado Socialismo del Siglo XXI, establecido inicialmente en Venezuela, cuyo modelo se ha extendido a otros países del hemisferio.

El totalitarismo cubano fue consecuencia del triunfo de una insurrección con amplio respaldo popular sobre una dictadura, el despotismo chavista fue el resultado de unos comicios libres, plurales y democráticos, en los que el 56 por ciento de la población respaldó las propuestas de Hugo Chávez.

En Cuba, el general Fulgencio Batista[1] había comandado un golpe de estado contra el gobierno del presidente en funciones Carlos Prío Socarrás[2] el 10 de marzo de 1952[3], a pocas semanas de que se realizaran en el país unas elecciones plurales y secretas.

Cuando se produjo el golpe de estado, Cuba llevaba doce años viviendo bajo la conducción de presidentes elegidos democráticamente.

No obstante el país enfrentaba serios problemas. Sufría la lacra de la corrupción y también mucha inseguridad pública,

---

[1] **Fulgencio Batista y Zaldívar** , Banes, Cuba, 16 de enero de 1901 — Marbella, España, 6 de agosto de 1973), conocido como "El Hombre", fue un militar y político cubano, presidente de Cuba entre 1940-1944 y de facto entre 1952 y 1954, tras lo cual llamó a elecciones que se realizaron fraudulentamente, usurpó el cargo hasta 1958.

[2] **Carlos Prío Socarrás** , Bahía Honda, Cuba, 14 de julio de 1903 - Miami, 5 de abril de 1977. Presidente de Cuba desde 1948 gracias a su partido, Partido Revolucionario Cubano Auténtico hasta que fue depuesto por un golpe militar liderado por Fulgencio Batista el 10 de marzo de 1952, tres meses antes de que se convocaran nuevas elecciones. Su gobierno se caracterizó por tener fuertes lazos con los Estados Unidos de América. Se suicidó el 5 de abril de 1977.

[3] Cuba había tenido tres gobiernos sucesivamente elegido por el pueblo en votaciones plurales y secretas. Uno de esos presidentes fue Batista, quien le entrego el poder a Ramón Grau San Martin su rival político de muchos años.

particularmente en la capital, en la que algunos de los actores principales eran grupos mafiosos involucrados en la política y asociados a varios dirigentes políticos[4].

El país era monoproductor. La azúcar era el principal renglón de exportación, pero la economía estaba en desarrollo y se estaban estableciendo nuevas industrias.

La sociedad civil se encontraba en un claro proceso de fortalecimiento. Sindicatos, Colegios Profesionales y otros gremios eran poderosos y tenían capacidad de ejercer influencia en la comunidad nacional.

El proceso insurreccional en el que la figura más prominente fue Fidel Castro, se produjo más por reivindicación política que social, a pesar de que un elevado por ciento de la población estaba muy lejos de satisfacer muchas de sus necesidades más importantes.

Pero es prudente destacar que la propuesta de los grupos insurreccionales tenía como bandera el restablecimiento de la Constitución de 1940[5], una promesa que no fue satisfecha por la facción que comandaba Fidel Castro, que fue la que asumió el poder y la que designó al presidente Manuel Urrutia, quien durante su mandato no tuvo la capacidad de tomar importantes decisiones de gobierno.

Un aspecto determinante del tipo de régimen que se instaló en Cuba lo describe el economista y ex alto funcionario del gobierno

---

[4] En la universidad operaban grupos gansteriles como la UIR y el MSR, los militantes de estas agrupaciones gustaban hacerse pasar como revolucionarios que solo buscaban reivindicaciones sociales. Fidel Castro militó en la UIR.
[5] Entra en vigor el 10 de octubre de 1940. Constaba de 286 artículos. En su elaboración participaron todas las fuerzas políticas e ideológicas que actuaban en Cuba en la época. Incluidos representantes del Partido Comunista. La Constitución de 1940 es un referente para muchos ciudadanos cubanos en lo que respecta a las normas legales que deben regir la Republica después del totalitarismo.

revolucionario entre 1959-60, José Illán, quien señala que en febrero de 1959, en la isla, funcionaban dos gobiernos.

"Uno presidido por Manuel Urrutia cuyo premier, por poco tiempo, fue José Miró Cardona, y el otro gobierno, el verdadero, comandado por Fidel Castro, quien informaba a través de los medios de comunicación, en particular por la televisión[6], las decisiones más importantes sin haber consultado al resto del gobierno, incluido Urrutia, quien había perdido la confianza del flamante dictador".

Un factor que el profesor Illán destaca en su ensayo "Asalto, Asesinato y Robo", es que más de un ministro del gabinete fue cómplice indirecto de las dificultades que enfrentaba el presidente Manuel Urrutia, porque tenían la esperanza de ser designados por Castro para esa posición si el mandatario era relevado de su cargo.

Sobre los dos gobiernos hay informaciones que señalan que Fidel Castro se reunía con Ernesto Guevara, Raúl Castro, y otros altos funcionarios de su confianza en la playa de Tarará y posteriormente en Cojímar. Era en esas reuniones a espalda del presidente Urrutia donde se tomaban la mayor parte de las decisiones, en particular las más importantes, afirma el profesor Illán.

El chavismo accedió al gobierno en Venezuela después de cuatro décadas de democracia.

Después de varios años de inestabilidad política, décadas de 1960-1970, particularmente propiciado por el régimen castrista que subvencionaba a los grupos subversivos venezolanos[7], la democracia en el país se fortaleció y se alternaron en el poder

---

[6] El presidente Hugo Chávez en muchas ocasiones tome decisiones sin previa consulta con el resto del gobierno

[7] La subversión castrista en América Latina. Ediciones Memoria. Pedro Corzo.

líderes de los dos partidos políticos más importantes, Acción Democrática, AD, y el Partido Social Cristiano, COPEI.

Es evidente que la democracia por sí sola no conlleva a la solución de todos los problemas, y ciertos sectores de la sociedad civil y fuerzas políticas de diferentes corrientes, demandaban mejoras sociales y políticas en el país.

Un momento de inflexión fue el 27 de febrero de 1989[8] [9]cuando o decenas de miles de personas se lanzaron a la calle a protestar contra las medidas económicas que estaba instrumentando el gobierno de Carlos Andrés

Pérez[10].

Las autoridades reprimieron violentamente las protestas y los saqueos de establecimientos. El número de muertos fue muy

---

[8] Carlos Andrés Pérez. Entrevista a Alexis Ortiz. La política a es la vida."Las verdaderas causas de estos desagradables sucesos tienen su explicación -que no se dio entonces-en el estado de insurrección que se encontraba la Policía Metropolitana de Caracas: Nunca se hizo público que había en Caracas un estado de rebeldía, de subversión, de la Policía Metropolitana, que explotó poco después del 23 de enero. El comandante de la PM me presento un cuadro dramático: la policía estaba en situación de rebeldía. Hubo que mandar grupos del ejercito para dominar el grupo CETA, que era el que estimulaba la insubordinación de la PM...los policías de la metropolitana participo activamente en el estimulo de los saqueos.

[9] Carlos Raúl Hernández, politólogo venezolano es de la opinión que en 1989 se pusieron en marcha en su país varios movimientos desestabilizadores y que para esos proyectos fueron esenciales "los operadores ideológicos, los lideres espirituales y morales, los intelectuales orgánicos del movimiento autoritario.. Agonía de la Democracia. Carlos Raúl Hernández. Editorial Panapo.2001.

[10] Candidato por Acción Democrática a las elecciones de diciembre de 1973, resultó electo presidente de la República para el período 1974-1979. Regresó al palacio de Miraflores después de triunfar en las elecciones de diciembre de 1988. en 1993 el presidente se enfrentó a un procesamiento judicial, impulsado en marzo por la Fiscalía General de la República y refrendado por la Corte Suprema de Justicia, que condujo a su destitución el 20 de mayo. Recluido en el retén judicial de El Junquito y en su residencia, fue condenado el 30 de mayo de 1996 a veintiocho meses de prisión domiciliaria por "malversación agravada de fondos públicos". Expulsado en marzo de 1997 de Acción Democrática, fundó el movimiento político Apertura.

elevado y el trauma social difícil de superar. La situación fue particularmente crítica en los barrios más pobres de la capital.

El presidente Carlos Andrés Pérez durante su segundo mandato había intentado desarrollar una política liberal contraria a la que había ejecutado durante su primer gobierno, proyecto que le ocasionó graves problemas en los sectores políticos, incluso en su mismo partido, y en los sectores productivos.

El descontento contra su presidencia no solo se había manifestado durante el Caracazo y en las dos intentonas golpistas que sufrió, también estaba presente en la clase política y económica más poderosa del país, y entre los periodistas y medios de comunicación.

El 4 de febrero de 1992, el comandante Hugo Chávez salió de la oscuridad de los cuarteles para capitanear un golpe militar. El golpe fracasó y fue a prisión, pero la intentona golpista se repitió unos meses más tarde[11].

El 27 de noviembre[12] militares de alta graduación junto a civiles y con el apoyo de los partidos Bandera Roja y Tercer

---

[11] "En el golpe de febrero hubo participación de algunos dirigentes de la Causa R y de notables de la sociedad venezolana". Alexis Ortiz entrevistado por el autor.

[12] El 27 de noviembre de 1992 tuvo lugar un intento de golpe de Estado. El segundo en el año. A diferencia del alzamiento anterior, este golpe estaba integrado por militares y civiles, entre ellos altos oficiales de las FFAA. Militares de las 4 ramas de las Fuerzas Armadas, civiles miembros de a organizaciones revolucionarias y otros factores que se oponían a Pérez. Los responsables militares eran de alta graduación. Entre ellos los contralmirantes Hernán Grüber Odremán, jefe del golpe, y Luis Enrique Cabrera Aguirre, el general de brigada de la Fuerza Aérea Francisco Visconti Osorio, el coronel del Ejército Higinio Castro y el mayor de la Guardia Nacional Carlos Salima Colina . Por la parte civil participaron las organizaciones Bandera Roja y Tercer Camino, y otras agrupaciones civiles. Los principales enfrentamientos ocurrieron en el Distrito Federal, en los estados Miranda, Aragua y Carabobo. La insurrección fue controlada por el gobierno el mismo día 27, provocando la rendición de los involucrados, la huida y posterior asilo en Perú de cerca de un centenar de los mismos.

Camino, intentaron un nuevo golpe militar que también fracasó.

Posteriormente el presidente Pérez fue sometido a un juicio político y destituido. El golpe de estado cívico propiciado por sectores políticos y económicos, había sido más efectivo que el que habían intentado los militares.

Con el procesamiento de Pérez se inició el principio del fin de la democracia venezolana, un proceso con características desconocidas que afectaría a la nación en su conjunto y que tendría una gran repercusión en el continente, particularmente por las riquezas del estado venezolano[13].

---

[13] [13]"Pero hay más: la acusación del Fiscal no fue remitida al acusado y, sin oírlo, la Corte declaró que había méritos para enjuiciarlo; sin debate alguno, el Senado autorizó el proceso; y, por si fuera poco, el sometimiento a un proceso penal, a los 90 días, se consideró como falta absoluta, acordándose su destitución de la Presidencia como pena anticipada. Este remedo de proceso solo perseguía la defenestración de un Presidente elegido por el pueblo, para satisfacer las exigencias de los complotados contra la Constitución y que, sin recurrir a las armas, encontraron el fácil expediente de la pretendida invocación de la legalidad. A pesar de todo esto, CAP se sometió al simulacro procesal; asumió su responsabilidad por respeto al sistema democrático; y cumplió efectivamente una pena que no le correspondía.

Debe afirmarse que en el caso CAP no funcionaron las instituciones. Sencillamente, el Poder Judicial fue manipulado y utilizado como pieza de una "trampa jurídica" que permitió llevar a cabo una aberrante venganza política, con la manifiesta violación a los derechos de los acusados, como fue reconocido por la Comisión y la Corte Interamericana de los Derechos Humanos, en los casos de Reinaldo Figueredo y de Oscar Barreto Leiva, víctimas olvidadas del atropello jurídico revestido de aparente legalidad." Fragmentos de Carlos Andrés Pérez el juicio olvidado. Alberto Arteaga Sánchez. El Universal. Octubre 12 del 2011.

CAPÍTULO I

Control y Ordenamiento Social. Analogías

Aunque el origen del totalitarismo cubano y el del Socialismo del Siglo XXI que se estrenó en Venezuela haya sido completamente diferente, como se demuestra en el preámbulo, es evidente que en la práctica de gobierno ambos regímenes tienen el propósito de eliminar los derechos ciudadanos y de perpetuarse en el poder.

En consecuencia, la oposición política que enfrenta un gobierno surgido de una rebelión, revuelta popular o de un proceso electoral cuyos líderes tienen proyección hacia el autoritarismo, se ve obligada a fórmulas de confrontación que pueden diferir ampliamente a los métodos utilizados para confrontar un gobierno democrático.

Esa diferencia es todavía más aguda cuando el nuevo régimen promueve cambios radicales basados sobre ideologías de carácter fundamentalistas y/o sostiene su discurso sobre transformaciones estructurales que tienen carácter social con fuerte carga nacionalista.

Esta condición es aun más crítica cuando el nuevo proyecto está amparado en una figura carismática que logra influenciar a amplios sectores de la ciudadanía.

Esta situación es potencialmente posible en cualquier lugar del mundo, aunque la cultura y la solidez del tejido social del país en el que se produzca el acontecimiento, puede neutralizar el proyecto o dificultar en extremo su implementación.

Estos casos son propicios donde y cuando los partidos políticos y las figuras políticas están muy desgastadas y la ciudadanía ha perdido mucha confianza en sus líderes políticos. La pérdida de credibilidad de los partidos es un caldo de cultivo favorable para que surja un salvador No Político, un individuo que politiza e ideologiza la vida del país por completo.

Paradójicamente los que enarbolan la bandera de la anti política o anti partido son individuos que cuando acceden al poder procuran transformar la nación y la sociedad, imponiendo su ideales políticos como si fuera una especie de religión.

El misticismo de una revolución triunfante tiende a encantar y seducir tanto a los que procuraron su éxito, como a aquellos que fueron indiferentes al proyecto, pero aun más infame es que ni los que pretenden continuar ajenos a la política ni los que se oponen sin restricciones al régimen, pueden evadir las consecuencias de un ejercicio de poder que penetra, y en ocasiones contamina, todo el tejido social.

Esta omnipresencia de las autoridades atemoriza a amplios sectores de la ciudadanía. El individuo se vuelve inseguro. Teme las consecuencias de sus actos y hasta de sus expresiones. La sociedad se amedrenta y la gente empieza a practicar una doble moral, lo políticamente correcto para la visión estatal y el pensamiento real de la persona en cuestión.

Este tipo de gobierno y sus conductores, asumen posiciones fundamentalistas que tienden a semejarse a cultos sectarios y excluyentes, al extremo de quienes no acepten "la nueva palabra", son estigmatizados.

La confrontación del gobierno con las religiones predominantes es inevitable. Esto ocurrió en el extinto bloque soviético, se produjo en Cuba con los Castro y posteriormente en Venezuela, aunque con menor virulencia.

La revolución, que es traumática por naturaleza, conduce a una sociedad polarizada que asume el sectarismo como método de cambio, por lo que no hay espacios para la neutralidad y menos aun para los que cuestionan la viabilidad de la nueva propuesta

No es relevante la forma de cómo se accedió al poder, haya sido a través de la sublevación militar o cívica militar y hasta por la vía electoral, si ese procedimiento está sustentado en un proyecto populista que explota los conflictos e injusticias sociales y cuente con un liderazgo capaz de establecer comunicación directa con la población.

En estos casos la situación tiene muchas posibilidades de derivar en una autocracia. Las instituciones del estado en uno u otra circunstancia van a estar al servicio del nuevo régimen.

En todos los procesos la exclusión y la satanización de lo que no se ajusta al discurso oficial penetrará todo el tejido social, aun cuando exista una relativa libertad de información y expresión, condiciones que pueden considerarse excepcionales en un proceso de esas particularidades.

El totalitarismo y su clon actualizado, el autoritarismo del Siglo XXI, pueden tener diferencias en sus tácticas para controlar los medios de información, aunque este aspecto será de nuevo tratado en este trabajo.

Por ejemplo, el primero procede a la confiscación paulatina y a la eliminación de todo vestigio de libertad de prensa. El segundo procura la asfixia económica de los medios, la ilegalización de los mismo recurriendo a figuras legales y/o a la confiscación o compra forzada por un testaferro gubernamental.

Los medios de prensa, cualesquiera que sean, tienen una gran influencia en la sociedad, en consecuencia pueden favorecer o condenar determinadas posiciones políticas e ideológicas y, por supuesto, a sus representantes.

En Cuba, varios medios de comunicación y en particular algunos periodistas notables, sin percatarse tal vez de lo que hacían, ejercieron con tal virulencia el derechos a la crítica que sus propuestas afectaron la gobernabilidad todavía más que los factores que promovían los cambios políticos más radicales.

El ataque virulento a la política y los políticos, la demanda de una demolición total de lo establecido, propició en buena medida el acceso a un régimen que terminó cercenando los derechos de quienes en su momento habían aportado por el fin de régimen y creación de un nuevo país.

Esto, en cierta medida, también ocurrió en Venezuela.[14]

La carga emocional en la comunidad es tan vasta y profunda que los valores tradicionales son sustituidos por nuevas normas que tienden a desequilibrar el conjunto.

Es una realidad que la familia se escinde y los sempiternos problemas de la comunidad se agravan.

La autoridad se desespera por una solución a su conveniencia, sin importar los costos de los mismos y las nuevas y más agudas injusticias en que pueda incurrir.

Algo semejante ocurre con el pluralismo político. El régimen totalitario ilegaliza todos los partidos políticos y solo tiene legitimidad el partido oficial.

Es diferente en el Socialismo del Siglo XXI, pero el objetivo final es el mismo, las estructuras políticas partidarias siguen en sus funciones aunque estrechamente fiscalizadas y controladas por el régimen. Existe una aparente pluralidad política, aunque desarrollar actividades de ese género es muy difícil y complicado.

Los regímenes de carácter totalitario y los autoritarios que se sostienen sobre una legitimidad electoral, tienden a ser monolíticos o a vigilar de manera estricta las potenciales

---

[14] Alexis Ortiz. La Política es Chévere. Instituto Interamericano de la Democracia. 2008.

desavenencias. Los descontentos dentro del gobierno son rápidamente sofocados y controlados.

Para el poder no hay disidencia sino traición, pero las desavenencias, sin importar su relevancia, solo llegan al conocimiento público si a los gobernantes, por las razones que sean, les conviene divulgarlas.

El tejido social es fuertemente afectado. Las organizaciones no gubernamentales desaparecen y son sustituidas por otras creadas por el nuevo orden a su conveniencia.

En lo que respecta al SS XXI, el espacio de las organizaciones no gubernamentales, ONGs, es respetado por un mayor período de tiempo, pero se instruyen recursos para su criminalización sino se ajustan al proyecto. No obstante, tienden a sobrevivir legalmente, aunque con una capacidad de gestión e influencia muy reducida.

La fuerza y capacidad operativa de los que detentan el poder se basa en la unidad de criterio, la sumisión a un dogma. También se producen situaciones en la que un individuo encarna una ideología política o propuesta, con la que se identifican los que integran el gobierno y las bases populares que lo sostienen.

Una de las consecuencias de este dogmatismo es la gran presión que padecen determinados sectores de la sociedad e individuos en particular, al extremo que toma la decisión de abandonar el país, independiente a los perjuicios que esto pueda acarrearle.

Muchos individuos son amenazados con la cárcel o la muerte, por ejemplo, Ernesto Guevara, cuando fue Presidente del Banco Nacional de Cuba, le dijo al prestigioso arquitecto cubano Nicolás Quintana[15], que como él era un burgués, su futuro estaba en irse del país, o en la cárcel.

---

[15] Entrevista del autor para el libro Guevara, Anatomía de un Mito.

Una cantidad notable de profesionales, empresarios y hombres de negocios dejaron el país, lo que afectó dramáticamente el desarrollo de ciertos campos de la economía y de la ciencia en la Isla.

El régimen se sustenta en los dogmas de fe que promueve el grupo en el poder y en el anatema y la descalificación de todos los que se les enfrenten y cuestionen sus actuaciones.

El sistema triunfante se considera fuente de derechos y ese derecho estriba en hacer todo lo que le conviene realizar para seguir teniendo el control.

Es característico en los gobiernos de proyección fundamentalista asumir posiciones extremas en sus discursos y acciones, llegando a calificar a individuos que en un momento determinado fueron identificados con el modelo anti sistema o revolucionario, como partidarios del gobierno desplazado, o al menos como elementos privilegiados de la sociedad erradicada.

Los dos modelos a los que nos referimos, Cuba y Venezuela, coinciden en desarrollar una política exterior tan activa que podría calificarse de agresiva en muchos casos.

El expansionismo de estos proyectos favorece la creación de alianzas internacionales[16] y la promoción de agrupaciones o personalidades en terceros países, que consideran tienen posibilidades de llegar al poder en sus respectivas naciones e imponer en sus patrias regímenes similares.

Fidel Castro [17]auspició la bomba, el atentado y la guerrilla. La violencia que instauró en Cuba, aun antes del triunfo

---

[16] Cuba favoreció la creación de entidades como las OLAS, Organización Latinoamericana de Solidaridad, entre otras organizaciones internacionales y nacionales que apoyaban la subversión y pretendían extender el modelo cubano al resto del continente. Hugo Chávez con la asistencia del cubano creo el ALBA, Alianza Bolivariana para los Pueblos de Nuestra América. Tanto la dictadura cubana como la autocracia chavista han creado otras organizaciones para sus fines expansionistas.

revolucionario, la exportó a toda América y a otros países del mundo, incluyendo varias naciones africanas.

En Cuba se crearon escuelas para la subversión y entrenamiento militar[18], se establecieron aparatos propagandísticos y espionaje de grandes dimensiones al exclusivo servicio del máximo líder y se organizó un cuerpo diplomático del nivel de una potencia mundial, como ya se ha apuntado.

Hugo Chávez logró establecer cabezas de playa para su proyecto en Bolivia, Ecuador y Nicaragua[19]. Contó con excelentes posibilidades de penetración y por consiguiente de desestabilización en varios países del hemisferio, gracias a los gigantescos ingresos petroleros.

Otro aspecto en el que ambos modelos coinciden abrumadoramente es en la ineficiencia económica. Son incapaces de generar riquezas. La producción y la productividad se desploman. Se convierten en países importadores y sus deudas externas se acrecientan.

Bajo estos regímenes los niveles de vida bajan. La pobreza se incrementa y la escases de bienes de consumo adquiere cotas sin precedentes, no obstante implementan una política de subsidios a los individuos o a los servicios sociales, que enmascara la debacle económica que amenaza al país.

La situación económica y la actuación del estado "benefactor" tienden a crear ciudadanos dependientes, sin criterios, que con el tiempo se convierten en verdaderos parásitos sociales.

---

[18] La subversión Castrista en América Latina. Ediciones Memoria. Pedro Corzo. Castro y las Guerrillas en Latinoamérica. Enrique Ros. Edición Universal. Miami.2001

[19] Evo Morales, secundando el mal ejemplo, está aplicando la fórmula de Chávez en Bolivia. Al igual que su mentor uno de sus primeros actos al asumir la presidencia de Bolivia fue convocar una Asamblea Constituyente.

Hay un aspecto a tener en cuenta y es que todas las dictaduras, en particular las sustentadas en propuestas ideológicas, conducen a un número importante de ciudadanos a abandonar el país, como se señaló anteriormente.

Cierto que una parte de estos ciudadanos dejan el país después de haber confrontado el régimen y tras apreciar que la remoción de los que ocupan el poder es difícil o está lejos de sus posibilidades.

Entre "los que votan con los pies" se encuentran personas que estuvieron encarceladas o estaban seriamente amenazadas de serlo, y en número superior los que sin enfrentar el nuevo régimen deciden irse por razones económicas o por asuntos de seguridad, no obstante, la mayoría de las personas que abandonan el país no actúan en el exterior a favor de cambios políticos, simplemente buscan rehacer sus vidas en la medida de sus posibilidades.

Para concluir, ya que se pretende presentar un esbozo de los regímenes de Cuba y Venezuela, es conveniente hacer notar algunos aspectos en los cuales ha habido diferencias, particularmente en los períodos fundacionales de cada modelo.

Diferencias:

A) En lo que respecta a la Seguridad Pública, el gobierno castrista rápidamente impuso un estado policial que, aunque fue muchos más estricto y severo con quienes desde su perspectiva delinquían políticamente, también dificultó que la delincuencia común se convirtiera en un alto riesgo para la ciudadanía o pudiera afectar el control social.

Los delitos de sangre, al igual que los robos u otras acciones de los depredadores sociales, no fueron factores de riesgo durante mucho tiempo, situación que ha cambiado trágicamente en los últimos años en la Isla, por diferentes motivos.

Por su parte, en Venezuela la ola criminal ha adquirido niveles muy peligrosos para la estabilidad social, al extremo que se puede considerar que el gobierno ha permitido el crecimiento de la delincuencia común como fórmula para intimidar a la población, en particular a la que disiente del proyecto oficial.

Varios son los factores que inciden directamente en el incremento de la criminalidad en Venezuela.

Las autoridades han permitido en los últimos años la creación de bandas armadas que le prestan servicios políticos, pero que también delinquen abiertamente. Estos grupos paramilitares al servicio del gobierno abusan de la ciudadanía, en particular de los propietarios de negocios.

La impunidad ha sido un incentivo para los delincuentes. Hay informes que destacan que mientras en el país aumentan los homicidios, las detenciones disminuyen. Varios investigadores señalan que son pocos los criminales capturados, y que el 91 por ciento de ellos es puesto en libertad.

Las autoridades actúan a su conveniencia y no en base a la legislación vigente. Por ejemplo, el derecho a la propiedad consagrado en la Constitución, es violentado sistemáticamente, lo que sirve de muestra a aquellos que consideran que el control de la violencia es fuente de derechos.

En consecuencias, no se puede descartar que el incremento excesivo de la criminalidad en el país sudamericano haya sido una estrategia de gobierno.

Una alta criminalidad afecta la gestión política de la oposición en mayor grado que a la oficial, lo que de verse obligado el gobierno a actuar con firmeza contra la delincuencia común, tendría que restringir los derechos ciudadanos, una herramienta legal que le serviría también para ilegalizar a la oposición cuando lo considere oportuno.

B) Otra diferencia a tener en cuenta es que por décadas el liderazgo del gobierno cubano ofreció una imagen de austeridad. El régimen impuso normas de sobriedad y frugalidad en todo el país.

El control de la economía desde los primeros meses del triunfo de la insurrección fue un propósito que se concretó relativamente en muy poco tiempo

Por ejemplo, la primera Ley de Reforma Agraria, 17 de mayo de 1959, fijaba en 30 caballerías, aproximadamente 405 hectáreas, "el máximo de extensión de tierra que podrá tener una persona natural o jurídica".

Se entregaron extensiones de tierras hasta cinco caballerías, 67 hectáreas, y se dispuso la creación de cooperativas y las llamadas granjas del pueblo, iniciándose así el proceso de socialización del agro cubano.

En 1963 se dictó una segunda ley más restrictiva que limitaba todavía más la explotación de las tierras cultivables. La productividad de la agricultura cubana se desplomó dramáticamente, incluida la de la industria azucarera.

Otra medida de carácter populista pero con el objetivo de afectar a las clases económicamente poderosas fue la Ley de Reforma Urbana.

En octubre de 1960 se dictó una Ley de Reforma Urbana que proscribía el arrendamiento de inmuebles urbano y que explicaba que solo se podía tener una sola vivienda a excepción de otra de veraneo. El resultado de esta disposición fue la caída de fabricación de casas en el sector privado que cada día se reducía más. Las viviendas construidas por el estado jamás han satisfecho la demanda de la población.

Un último aspecto de una extensa relación en la que se podría exponer las numerosas acciones del gobierno en el campo económico, con el solo fin de fortalecer el control del estado en ese sector, fue el cambio de moneda que se dictó en agosto de 1961[20].

El canje obligatorio de la moneda no solo significó la descapitalización de aquellos que tenían grandes capitales, sino que afectó particularmente a la clase media y a otros sectores de la sociedad de limitados recursos. Destruyó el sentido del ahorro y dejó en la miseria a cientos de miles de personas, era una socialización perfecta de la miseria.

---

[20] Ley 963 del 4 de agosto de 1961. La primera Ley se decretó 4 días antes que la segunda, ya que no era conveniente que el contenido de esta última se conociera al mismo tiempo que el de la primera.

La primera de las leyes, la 963/61, promulgada el 4 de agosto de 1961, estableció las condiciones generales para ejecutar el canje como sigue: Dispuso que las Organizaciones Revolucionarias Integradas (ORI) quedaban encargadas del cumplimiento de la misma, debiendo coordinar sus funciones con el Banco Nacional de Cuba, encargado de la aplicación técnica del canje, y con las Fuerzas Armadas Revolucionarias, responsables de la custodia y transporte de los billetes. El canje se estableció a la par, o sea, un billete nuevo por un billete viejo de igual denominación. Se crearon centros de canje, a los cuales deberían acudir los ciudadanos a canjear los billetes en poder de los respectivos núcleos familiares. Para evitar grandes movilizaciones de nuevos billetes y asegurar una operación de canje rápida, la ley disponía que a cada uno de los ciudadanos se le canjearan de inmediato 200 pesos y con el resto, en los casos que existieran, se les abriera una cuenta especial para su canje posterior. Los organismos, las empresas, los sindicatos, las organizaciones políticas y sociales, las sociedades y personas jurídicas de carácter privado no tenían que concurrir a los centros de canje, sino que procederían a depositar la totalidad de los billetes antiguos, el primer día del canje, en una cuenta especial que se abriría en la agencia bancaria donde mantuvieran su cuenta corriente de operaciones, a los fines de su posterior canje.

Para facilitar el canje al cuerpo diplomático acreditado en Cuba, se habilitó un centro especial de canje en el Ministerio de Relaciones Exteriores. Las personas que por fuerza mayor comprobable no pudieran efectuar el canje durante los dos días autorizados, podrían presentarse dentro del término de 60 días posteriores al último día de canje, ante la agencia bancaria más cercana a su domicilio para entregar los billetes antiguos en su poder, levantándose acta de la entrega. Durante los dos días establecidos para el canje, se prohibió la llegada al territorio nacional de personas, aviones, buques y otras embarcaciones procedentes del extranjero, o sea, se cerraron las fronteras. Eufemio Naranjo Torres. "El canje de billetes".

Durante dos días ninguna persona pudo entrar o salir del país. Solo se podían cambiar hasta 200 pesos por familia. El dinero que no fue cambiado perdió todo su valor y los que tenían dinero guardado en instituciones bancarias, solo recibirían hasta mil pesos al año durante los próximos diez años.

El vestir apropiadamente se convirtió en poco menos que un delito. Lo políticamente correcto era un pantalón verde oliva y una camisa de mezclilla azul. Llevar el pelo largo o ataviarse con ropa que se apreciara de procedencia extranjera podía conducir al individuo a la cárcel.

Los líderes del gobierno eran sobrios en el vestir y la nomenclatura que le servía se cuidaba mucho de llamar la atención.

Sin dudas usufructuaban los beneficios del poder y las ventajas que de este se derivaban pero eran discretos. Nada de carros lujosos o vacaciones en el extranjero, cierto que viajaban con frecuencia y sin dudas disfrutaban de esos privilegios, pero lo hacían con discreción.

No se podía apreciar un enriquecimiento personal aunque en privado vivieran como tales. Es muy posible que muchas personalidades del castrismo poseyeran grandes riquezas, pero se esforzaban en ocultarlo.

En los últimos 25 años esta situación ha cambiado sustancialmente. Un número importante de personas de la clase dirigente, incluidos altos oficiales en condición de retiro o en activo, son representantes o empleados importantes en empresas extranjera que han invertido en la isla. Otros se han convertido en gestores o consejeros de empresas que proyectan invertir.

Por otra parte, funcionarios militares o civiles del gobierno envían a sus hijos a estudiar a centros universitarios en el extranjero y también a establecer negocios dentro o fuera de la isla.

Estos casos ejemplifican el nivel de descomposición imperante en una jerarquía que gustaba aparentar frugalidad.

La corrupción se ha entronizado en todo el país. La difusión del concepto de que los bienes del estado son del pueblo, ha tenido un efecto contrario al deseado por el régimen. La gente roba sin remordimientos, sin cargos de conciencia, porque saben que sus superiores roban todavía más.

Por su parte, el liderazgo bolivariano, desde que llegó al gobierno, gusta hacer alarde de los bienes que posee. El propio Hugo Chávez hacía notar que disfrutaba de las riquezas que nunca había producido. Los que le heredaron, gustan aun más del lujo.

El chavismo creó nuevos ricos. Simples empleados se convirtieron de la noche a la mañana en personas acaudaladas. Los boliburgueses hicieron fortuna con las empresas del estado o negociando con ellas, también antiguos banqueros, industriales o empresarios que hicieron negocios con el gobierno, se hicieron más ricos.

Tanto los funcionarios del gobierno venezolano, sus familiares, como los que han hecho fortuna a costa del estado nacional, gustan ostentar y mostrar su buena fortuna

Según informaciones de diferentes fuentes, el 60 % del presupuesto nacional del país sudamericano es manejado de forma ilícita. Según Transparencia Internacional, Venezuela es el país más corrupto de América Latina.

Otros analistas afirman que el país ha recibido como consecuencia de las exportaciones petroleras más 900,000 millones de dólares y que 500,000 millones han sido robados por los gobernantes y sus asociados.

C) Un factor relevante en estos regímenes, señalado con anterioridad, es su capacidad para lograr que las personas emigren del país, unos por motivos políticos y los más por razones económicas.

En este aspecto tanto el Castrismo como el SSXXI coinciden, aunque el trato recibido por las personas que abandonaron el país ha sido diferente.

En Cuba a todas las personas que dejaron la isla en las cuatro primeras décadas de la dictadura le fueron confiscados sus bienes por escaso valor que tuvieran, lo mismo ocurría si tenían alguna cuenta bancaria. En la actualidad esto no sucede.

En Venezuela los exiliados y emigrantes, aunque enfrentan restricciones económicas de parte del régimen, no han padecido las limitaciones y la fiscalización de los bienes como estableció el gobierno de La Habana.

CAPÍTULO II

La Oposición

La Oposición que gesta todo proceso radical con vocación autoritaria, sin entrar a considerar sus orígenes, debe prepararse para operar en una sociedad cerrada que desde su provisionalidad considera hereje lo que sea contrario al pensamiento oficial, concepto que se fortalece según aumenta su control sobre el país.

El objetivo de toda oposición política es quitarle el poder a quienes lo detentan. No debe haber otra intención. Es un compromiso constante. De tiempo completo.

Un aspecto fundamental es que las personas que la integran deben tener bien concientizado que la acción política demanda sacrificios propios y ajenos, los que se agudizan cuando se enfrenta cualquier categoría de despotismo.

Por otra parte, la oposición, independiente al tipo de gobierno que enfrente, debe estar preparada para que los que gobiernan no respeten las reglas sobre las cuales dicen gobernar.

Es complicado para quienes han estado habituados a actuar en el marco democrático, comprender y asumir que deben cambiar sus estrategias de confrontación cuando el gobierno al que se oponen no respeta los derechos ciudadanos.

La oposición debe actuar con mucha cautela pero con firmeza. Generar un propio discurso que proponga redimir los errores del pasado y los del presente. Además, implementar estrategias de acorde a la nueva realidad y evitar caer en los marcos de actuación que favorezcan el gobierno.

Los sectores de la oposición deben procurar, al menos, la unidad de acción de las distintas vertientes y una propuesta marco que reúna las ideas fundamentales.

Las partes que integren la coalición deben ser tolerantes por conveniencia y convicción, al extremo que deben tener un discurso de aproximación a las bases de la propuesta que están antagonizando.

Tienen que asumir de cierta manera una conducta de cruzada, enfatizando los desaciertos y abusos del Nuevo Régimen y rechazando con sus actuaciones, no solo con discursos, las impugnaciones de que sean objeto.

Es importante neutralizar los intentos por parte de las autoridades de atribuirle a las fuerzas opositoras una especie de pecado original, por disputar el derecho de presentar una propuesta nacional alternativa.

Una singularidad de esa oposición es que no solo debe enfrentar un gobierno debidamente establecido con todos los recursos que el poder concede, sino que ciertos sectores del país, no solo los gubernamentales, van a identificarlo como residuo de un pasado político que se niega a desaparecer. En consecuencia, la oposición puede ser considerada como una especie de rezago del antiguo régimen.

La oposición debe luchar porque no la equiparen con propuestas extrañas a la nación, o con intereses que pongan en duda su legitimidad como fuerza política emergente.

Por estas razones, la oposición, que en sus orígenes puede ser extremadamente impopular, tendrá que superar la reputación y la lírica del nuevo orden y presentar un proyecto original que no pueda ser asociado con el pasado ni con el presente que rechaza.

El proyecto político de esa oposición, para ser viable, deberá fundamentarse en los más genuinos y autóctonos requerimientos de la sociedad en la que opera, enfatizando la independencia de cualquier otro modelo político pasado, sin caer en la tentación de denostarlo.

Las impugnaciones al pasado es tarea de los que están en el poder. En consecuencia, la oposición en desarrollo y formación no debe demonizar al viejo régimen, pero tampoco ocultar las faltas y errores en que haya incurrido.

Un factor a tener en cuenta es que el régimen va tratar de sembrar en la oposición el desconcierto y la desesperanza, y la vinculará siempre a intereses extranjeros.

La oposición debe estar lista para enfrentar las diversas maneras a las que recurrirá el régimen para influenciarla, dividirla e inducirla a realizar actos que pueda usar en su beneficio.

El Gobierno acusará a la oposición de estar pagada por un tercer país, pero también como parte de sus planes de desinformación favorecerá la difusión de la idea que solo una intervención extranjera podría derrocarlo, lo que puede generar un fatalismo que conduce a la inacción y en consecuencia, potenciales o reales enemigos de la dictadura, cesarán en la lucha o abandonarán el país.

Los temas sociales y económicos deben ser tratados en profundidad y las propuestas de cambio claras y precisas para que no puedan ser manipuladas o reconducidas por el grupo en el poder.

La oposición debe recurrir a todos los medios posibles para no perder el contacto directo con la población. Interpretar las necesidades del pueblo y trasmitirle a este las soluciones propuestas es determinante. Procurar una comunicación directa con la ciudadanía donde esté siempre presente la denuncia junto a la propuesta.

No hay estrategia que supere el conocimiento personal entre el aspirante y el elector. No es que se desaprovechen los medios de información si existiera la posibilidad de acceder a ellos, pero se debe priorizar el trabajo de calle, el contacto humano.

La oposición no puede perder las oportunidades de participar en elecciones si esta posibilidad se presenta. No importa que las instituciones del estado estén controladas por el ejecutivo y que los resultados de los comicios puedan estar manipulados, la participación permite divulgar y proponer ideas alternativas a la oficial y a los eventuales candidatos tener un contacto directo con el elector.

La oposición debe resaltar las deficiencias del nuevo orden en los aspectos económicos y sociales, independientemente a la propuesta política que esté promoviendo.

La oposición no debe procurar ganar legitimidad por medio de concesiones al discurso gubernamental o a través de una identificación o defensa de los proyectos del grupo en el poder.

El discurso tiene que ser tan propio que si existiesen coincidencias entre el gobierno y la oposición en algunos factores de corte social o económico, debe procurarse que quede bien clara la independencia y la originalidad de los criterios.

Debe trabajarse a favor de que las potenciales coincidencias no puedan ser confundidas con falta de identidad en la fuerza política emergente.

Los sectores que se oponen a un régimen totalitario pueden ser varios, porque sus motivaciones son diferentes. En consecuencia, los proyectos que cada sector promueva pueden diferir, al igual que sus estrategias, en el proceso de confrontación. Independientemente a como este se desarrolle, podrían llegar a rivalizar y hasta confrontar.

La oposición muy difícilmente estará representada en una sola corriente política o ideológica, por esa condición, el régimen la enfrentará en unidades fragmentadas, condición que afectará su capacidad operativa, al igual que la posibilidad de adquirir la fuerza necesaria que pueda conducirla al poder.

La fragmentación de las fuerzas políticas que le adversan es uno de los mejores aliados del gobierno, por eso es importante que los movimientos o partidos políticos de la oposición hagan conciencia de la necesidad de concretar alianzas con los factores con los que tengan coincidencias generales.

Los sectores de la oposición deben ser tolerantes y reflexivos, a la vez que favorecen la distensión entre las partes que participan en la lucha contra el poder constituido. El iluminismo en las partes que integran la oposición conduce al fracaso.

Las alianzas pueden tener un carácter táctico cuando se corresponde a exigencias temporales del entorno, pero también pueden responder a demandas estructurales del proyecto general que es el derrocamiento del enemigo.

La concertación de esfuerzos y la coordinación de actividades, pueden favorecer los progresos del movimiento opositor, y tal vez impulsar una integración de las facciones, lo que perjudicaría seriamente al gobierno.

La ruptura de una alianza afecta las relaciones entre grupos y la coloca en peligro y desventaja. Una ruptura puede convertir a los antiguos aliados en enemigos acérrimos. Un conflicto entre aliados puede ser devastador y desplazar o afectar la lucha que se realiza contra el enemigo que originó la coalición.

Por otra parte, las alianzas no deben estar motivadas por las que el enemigo ha concertado, sino por lo que se corresponda con el proyecto propuesto y los valores sobre los que este se sostiene.

La oposición debe ser consecuente con los principios que promueve y no actuar en base a rivalizar con el Poder constituido. En este caso, el "amigo de mi enemigo no es siempre mi enemigo".

Si se coincidiese con el aparato gubernamental en la necesidad de una defensa o asociación con una organización extranjera o estado determinado, se debe procurar que quede bien establecido que la posición asumida responde a criterios muy específicos que no tienen relación alguna con la actitud del gobierno con el que se rivaliza.

Tampoco es prudente solidarizarse con el régimen ni promover campañas contra las medidas, regulaciones o acciones que le afecten. No se debe perder la perspectiva de quien es el enemigo, en este caso el gobierno, y quienes los adversarios.

El gobierno debe buscar soluciones a los problemas que generen sus actuaciones. Es el único responsable de sus actos y la oposición debe mantener distancia de las dificultades que enfrente el poder.

Las fuerzas de la oposición deben concentrarse en sus propios planes, no en la promoción o ataque de aquellos factores ajenos a sus posibilidades operativas, aunque puedan afectar al régimen que se combate.

Otro aspecto que no debe descuidarse, tampoco supeditarla a los proyecto del gobierno que se adversa, es la proyección internacional de las propuesta política de las fuerzas opositoras.

El discurso debe ser consecuente con los valores nacionales que se propugnan, y las eventuales alianzas que se buscan, particularmente las internacionales, deben corresponderse con la naturaleza de la propuesta de cambio nacional.

Un elemento fundamental en relación a las alianzas de cualquier oposición, es saber definir el contexto político que le rodea, quiénes son los enemigos del proyecto, los adversarios, aliados y amigos.

Si no se tienen bien claras estas definiciones, una necesaria reiteración, las eventuales alianzas pueden resultar más catastróficas que la soledad política.

Otro elemento clave para cualquier oposición viable es la autosuficiencia, ser dependiente militar, económica o políticamente de un tercero, es nefasto.

Si una fuerza no tiene elementos propios de sostenimiento corre el riesgo de perder su capacidad operacional y hasta su existencia puede estar en peligro, y lo que es más lamentable, convertirse en instrumento de proyectos en los que los protagonistas no son los opositores, sino los que aportan los recursos.

La dependencia, tanto económica como logística, de elementos no esenciales en el conflicto, es sin duda alguna el lastre más pesado en el desarrollo de cualquier proyecto.

No obstante, aunque sí es importante considerar los limitantes que imponen una ayuda exógena, más determinante todavía es la crisis que puede generar el cese de esas colaboraciones o prestaciones.

La dependencia sistemática establece una sumisión física y emocional, por lo que cuando esta falta, el sentimiento de frustración no solo afecta la capacidad operativa, sino también la moral de los que ejecutan las decisiones.

Es evidente que una oposición política solo gana legitimidad y espacio si es capaz de poner al adversario a la defensiva.

Si la oposición asume la conducción del discurso político se está aproximando a la toma del poder, sin embargo, mientras el régimen pueda conformar y dirigir la oposición y hacerla transitar por los canales de acción que dispone, las fuerzas opositoras serán parásitas del gobierno que adversa y su capacidad para provocar cambio será nula.

Para alcanzar ese espacio operativo vital y la viabilidad de la nueva propuesta, al igual que el acceso a propios recursos económicos, es preciso la creación y desarrollo de correctas fuentes de información y análisis.

Es conveniente enfatizar que la oposición no debe sostener sus proyectos sobre elementos que no le sean propios, ni dar por hecho que tanto los aliados como el enemigo, se van a conducir según sus intereses.

En ningún momento se debe fundamentar la estrategia sobre terceros y menos suponer, sin informaciones suficientes, que el poder constituido va a satisfacer las demandas que se han establecido.

En conclusión, para que una oposición sea viable debe conducirse con imaginación e información. Tampoco perder su identidad y, por supuesto, conservar su independencia de acción y pensamiento.

Otro elemento a destacar es que la oposición no debe actuar como reflejo de las acciones de quienes gobiernan el país.

Los regímenes de fuerza, totalitarios o no, salvo contadas excepciones, son agresivos por naturaleza, así que es fundamental que la oposición sea capaz de implementar ofensivas y sostenerlas para poder llevar a su propio terreno al enemigo.

Hay que tener en cuenta las variables que puede enfrentar una oposición democrática que enfrenta un régimen que no lo es.

Por eso este trabajo está orientado a la oposición que actúa en Cuba y Venezuela, por lo que es conveniente exponer una serie de aspectos fundamentales de los regímenes y de la oposición de ambos países.

En Cuba muchos insisten en que el gobierno está fracturado y que las contradicciones entre las partes en pugna quebrarán la dictadura.

Otros afirman que todo acabará con la muerte de los "moncadistas",[21] sin reconocer que la nomenclatura ha estructurado un andamiaje que tiene como fin proteger los intereses de sus integrantes.

Por su parte, la oposición cubana, dentro de la Isla o en el exterior, aunque tienen el objetivo común de finiquitar la dictadura, no cuentan con un liderazgo capaz de interpretar eficientemente las diferencias de las partes y elaborar un proyecto común que todos puedan asumir como propio.

Por su parte, el gobierno de Venezuela parece ser menos monolítico que el cubano. Según analistas, en el gobierno bolivariano hay serias fisuras que son todavía más pronunciadas entre los siervos de los dos caudillos principales, Nicolás Maduro[22] y Diosdado Cabello[23].

No obstante, en Venezuela la oposición cada día enfrenta más dificultades. Sus espacios para actuar se reducen, y aunque es difícil que en el país sudamericano se imponga un control social como el existente en Cuba, no hay dudas que quienes detentan el

---

[21] Identifica a los que acompañaron a Fidel Castro en el ataque al cuartel Moncada, Santiago de Cuba 1953, pero también a las personas que son fieles al proyecto castrista.

[22] Nicolás Maduro había viajado a Cuba en 1986 como consecuencia de una beca que el Partido Comunista de Venezuela le otorgó. Había tenido cierta militancia en el grupo Liga Socialista, pero no estuvo involucrado directamente en la intentona golpista de Hugo Chávez. Roger Santo Domingo en su libro "De Verde a Maduro".

[23] Ingresó en la Academia Militar de Venezuela Obtuvo el grado de subteniente. Como teniente participó, junto al teniente coronel Hugo Chávez, en el intento de Golpe de Estado de febrero de 1992 en Venezuela contra el entonces presidente Carlos Andrés Pérez. Fracasada la rebelión y después del encarcelamiento de Chávez y otros militares golpistas, solicitó su pase a la reserva

poder no van a hacer concesiones y harán todo lo posible por conservar el control.

La realidad es que la oposición de Cuba y Venezuela afrontan, aunque en diferentes grados, regímenes despóticos y tienen en consecuencia que instrumentar estrategias nuevas, quizás nunca experimentadas.

Un aspecto clave es el programático.

Deben procurar propuestas comunes que sean compatibles con todos los sectores políticos del país en cuestión, pero que presenten una solución a los problemas de la nación.

Otro elemento tiene que ver con las tácticas de lucha a implementar; actividades a realizar y la relación o asociación con sectores no políticos de la sociedad.

Una fuerza política no se puede aislar del contexto en el que opera, es fundamental mantener la sintonía con los intereses de cada grupo sin perder de vista las demandas generales.

Por último, sin cerrar la página, está el liderazgo. Definir qué tipo de dirección debe asumir el mando. Quién o quiénes dirigirían la lucha tal vez sea lo más difícil, pero fundamental para lograr el objetivo común.

El liderazgo tiene que ser inclusivo, pero también capaz de deslindarse de personas o actividades que afecten el proyecto de deponer el régimen.

La oposición tiene que ser muy concreta. Su propósito, como se ha apuntado, es derrocar el gobierno y en ese aspecto no debe hacer concesiones.

El liderazgo no debe mostrar debilidad. Ante la duda es mejor actuar a la ofensiva que replegarse.

El liderazgo no debe hacer públicas sus posibles estrategias de lucha, pero todavía menos exponer cuales son las estrategias a las que nunca estaría dispuesta a recurrir.

La mejor defensa frente a un gobierno opresor es el ataque. A las diatribas del sistema se responde con los medios que requiera cada circunstancia. Estar a la ofensiva es fundamental.

No se pueden hacer concesiones y menos todavía considerar al enemigo como un rival equivocado que actúa de buena fe.

El liderazgo debe tener presente dos sectores en particular y conciliar con ambos sus proyectos. El exilio y los prisioneros políticos.

El presidio es una reserva moral que demuestra la entereza de los que combaten. La lucha por los presos políticos es parte importante de la estrategia general.

Reclamar la libertad de los presos, apoyarlos material y espiritualmente y demandar respeto a su condición, es un aspecto clave.

El exilio es un punto de apoyo material y económico para cualquier propósito, teniendo en cuenta la indefensión económica de la oposición ante los despotismos ideológicos.

El exilio también puede hacer aportes logísticos y participar en campañas y eventos internacionales en los que se denuncien las características del gobierno y detectar los factores extranjeros que pueden identificarse con la causa nacional.

La influencia que puede tener un exilio activo sobre organismos internacionales puede ser de gran ayuda para los prisioneros políticos o para denunciar las injusticias de los que controlan el poder. El exilio también puede prestar apoyo económico.

También es importante hacer notar que los que gobiernan en Cuba y Venezuela, al igual que sus pares de Bolivia, Nicaragua y Ecuador, tienen el concepto de que quienes les adversan deben ser destruidos, por tanto, los que se les opongan deben prepararse para una confrontación cruenta en la que están en juego sus derechos, pero también la vida.

CAPÍTULO III

Particularidades de los modelos despóticos instaurados en cuba y venezuela.

CUBA.- Las nuevas autoridades para acceder al control total del país iniciaron un proceso de destrucción de la sociedad civil, incluido los partidos políticos y cualquier otra organización independiente que pudiera proyectar inquietudes políticas o religiosas.

El proyecto esencialmente buscaba generar condiciones para que, en el plazo más breve posible, la clase dirigente adquiriera la facultad de ejercer el control absoluto del individuo y la sociedad.

El miedo llegó a cada ciudadano. La indefensión ante el poder llevó a la mayoría de la población a vivir pensando y actuando para la satisfacción de los que representaban la autoridad.

Contrarrestar eso, vencer ese miedo es ser libre, pero ese actuar conduce al ostracismo dentro del propio país, al exilio, a cárcel y hasta la muerte.

En el totalitarismo no hay derechos porque la propia naturaleza del poder los excluye. No existe censura porque no existe la prensa. Se establecen leyes que pueden condenar a muerte a cualquier trasgresor por pequeña que sea su falta.

Los sindicatos, los colegios profesionales, la enseñanza privada, en fin, todo el tejido que caracteriza una sociedad abierta, se transforman y se redimensiona, como parte de una estructura que tiene como fin sostener una autoridad que interpreta la voluntad y decide sobre el destino de cada una de las personas y de la nación en su conjunto.

Una de las singularidades del totalitarismo cubano fue vincular los organismos de masa que constituyeron, en muy breve tiempo, entre ellas, los Comités de Defensa de la Revolución, CDR; la Federación de Mujeres Cubanas, FMC; la Asociación Nacional de Agricultores Pequeños, ANAP; la Unión de Pioneros de Cuba, UPC; a la represión más cruenta y letal que ejercían públicamente los órganos de la Seguridad del Estado y de las Fuerzas Armadas.

No se puede pasar por alto la Central de Trabajadores de Cuba[24], que también fue controlada por el gobierno.

La masa organizada en instituciones a disposición del régimen legitima, en la opinión de la nomenclatura castrista, todos los actos represivos del gobierno contra los sectores o individuos descontentos.

En cualquier sociedad el número de ciudadanos inseguros, que prefieren no ver ni escuchar y mucho menos protestar contra los abusos, es elevado.

Esa realidad, de la que solo pueden atestiguar quienes han vivido en el miedo, motiva a "la mayoría silenciosa", como alguien la identificó en su momento, callar, condición que en cierta medida la hace cómplice o convierte en instrumento de las actuaciones de las autoridades.

Un aspecto a destacar es que la práctica de una religión puede llegar a ser delito, ya que, por lo regular, solo se permite amar al Supremo Terrenal, el Partido o el Dios viviente de turno. Ese Dios temporal exige obediencia, porque cualquier otra práctica es una herejía.

El concepto de propiedad es eliminado. Solo hay un propietario, el Pueblo, que está representado en un aparato partidario que es inmortal porque, aunque devora a sus propios

---

[24] En Cuba solo existía una central sindical. A partir de 1959 a la CTC se le agregó la R de revolucionaria.

hijos, tiene la capacidad de engendrar otros que cumplen el mismo rol de los que fueron engullidos en la última purga.

Asumir el manejo absoluto de la gestión económica fue fundamental para la dictadura[25]. Impedir la independencia financiera de los ciudadanos y hacerlos exclusivamente dependiente, del estado, son factores claves para la permanencia en el poder.

El gobierno está consciente que, entre otras condicionantes, una eventual oposición debe contar con recursos económicos propios para ser viable y al controlar el estado la producción y los servicios, es muy difícil que la oposición se pueda convertir en una alternativa de cambio, porque la acción política demanda grandes recursos económicos, entre otros factores, para que los operativos puedan dedicarse profesionalmente a las actividades que les sean requeridas.

Del control de la propiedad y de los bienes, por modestos que estos sean, se origina la indigencia económica de cualquier fuerza que se oponga al totalitarismo. El control de la economía es básico para el control del poder político en cualquier régimen no democrático.

La libertad no existe en el totalitarismo. Es el primer derecho conculcado. En esos regímenes no existe libertad ni para alabar al amo. Los vítores son programados en su forma y en su oportunidad por el aparato de propaganda de quienes gobiernan.

---

[25] Un primer paso, afirma el economista José Illán fue la creación de Ministerio de Bienes Malversados."El propósito de este ministerio "era reclamar los dineros y bienes mal habido de los funcionarios del régimen depuesto". "Mas como tantas otras cosas, la razón revolucionaria se imponía y la gestión del ministerio se extendió a empresarios privados que habían tenido alguna relación con el gobierno de Batista". Continúa Illan . "cuando se cambio el ministro las actuaciones del gobierno se radicalizaron y se cometieron muchos abusos".

El totalitarismo recrea el lenguaje. Las palabras pueden adquirir un nuevo significado. La propuesta, el análisis, es sustituido por consignas. El ataque verbal sustituye al diálogo. Se pretende aniquilar lo que se adversa con los términos más injuriosos y despectivos.

Por otra parte, el totalitarismo es agresivo, intolerante y sectario. No se puede dificultar, discutir, cuestionarlo, atacar o defender. El concepto obliga a tomar partido porque la neutralidad equivale a sumarse a los contrarios.

El totalitarismo incursiona en la casa. Divide la familia, estimula la delación e incentiva el odio y la envidia.

Pero el totalitarismo es un espectro de oscuridades variables. El nazismo representó una forma diferente a la que promovió el stalinismo, distinto al de Mao Te Tung y su Revolución Cultural, o al de Pol Pot de los Khmer Rouge.

El totalitarismo castrista no es semejante a ninguno de los anteriormente mencionados.

Según cubanos que residieron en diferentes estados sometidos al control de la Unión Soviética, el totalitarismo cubano fue más severo en lo que respecta a controles económicos y sociales, que en el resto de los países del bloque soviético a excepción de Albania.

Consideran que tal vez en esos países, durante los primeros cinco o diez años, las prácticas fueron similares a las de Cuba, pero concluyen que durante sus estancias en esas naciones, incluida la Unión Soviética, a partir de la década de 1960, se apreciaba que las leyes y su aplicación eran menos restrictivas que en la Isla.

Quizás el régimen insular ha sido el más depurado en forma y contenido. El más refinado porque reúne todas las características expuestas con una condición particularmente comprometida, y es que el totalitarismo cubano es mesiánico, no pasa por un dogma de fe santificado por las reflexiones y experiencias de otros profetas, sino que fue el propio conductor quien instauró y desarrolló el control del poder.

En el totalitarismo cubano, el Dios, el Profeta y la Espada es la misma persona. Una diabólica trinidad con apetitos imperiales que no ha cesado nunca de intentar exportar, usando diferentes formas, un modelo que, aunque ha fracasado, ofrece a todos los aspirantes a Mesías la posibilidad de soñar con tener un Poder igual al que ha detentado por años Fidel Castro.

En Cuba se invirtió la formula marxista del internacionalismo proletario por la de un nacionalismo activo que procura coludir numerosos intereses que coinciden en la aspiración de la toma del poder por el poder mismo.

En realidad el modelo cubano no exporta una ideología sino normas y fundamentos para la toma y conservación del poder.

El nacionalismo al que se hace referencia es muy singular, ya que permitió que una potencia extranjera situara misiles con capacidad atómica en su territorio, apoyó las invasiones de su protector, la Unión Soviética, a Checoslovaquia y Afganistán y envió a morir al continente africano a miles de sus ciudadanos para poder cumplir un rol importante en el conflicto Este-Oeste.

VENEZUELA.- El denominado Socialismo del Siglo XXI encabezado por Hugo Chávez[26] accedió al poder por el voto, reformuló el estado y ajustó las instituciones a sus intereses.

El primer paso es una Asamblea Constituyente originaria que determinará el cese de todas las instituciones del estado, como si la nación se estuviera constituyendo en ese momento.

---

[26] Hugo Chávez llegó al poder por la vía democrática. Participó en las elecciones y la ganó, y esa era una de las indicaciones de que estábamos viviendo en democracia. Su triunfo le fue reconocido y una dictadura o en un gobierno oligárquico como lo denuncia el "chavismo" que existía en el país, nunca hubiera reconocido su victoria. Gustavo Tarre Briceño. Jurista y político venezolano en entrevistado por el autor.

La Constituyente estipulará en sus reglamentos normas democráticas, pero que estarán limitadas por el control sobre las instituciones que ejerce el poder ejecutivo.

La Asamblea Legislativa será preferiblemente unicameral, ya que en una sola cámara la facción mayoritaria podrá imponer su voluntad, podrá actuar como aplanadora de una eventual oposición, y así legislar con la legitimidad que confiere el voto contra el propio pueblo que la favoreció.

El poder Judicial, también constituido sobre nuevas bases, es de suma importancia para que el Gobernante pueda actuar en un marco legal. La capacidad de nombrar magistrados incondicionales es fundamental, pero también lo es la posibilidad de desacreditar y posteriormente relevar a los sediciosos.

Son precisos jueces incondicionales al proyecto que encuadren, en la legalidad vigente, las pretensiones del gobierno. Esta es una condición básica que permite conservar el matiz democrático de la administración.

La gestión económica está bajo un fuerte control estatal, pero admite el surgimiento de nuevos ricos comprometidos con el régimen. La sobrevivencia de la vieja clase económica está garantizada, siempre y cuando no enfrente al grupo gobernante.

Por supuesto, esto no impide la confiscación y estatización de aquellos sectores de la economía que el poder pueda valorar como estratégicos, pero solo procuran el control de la economía en la medida que les permita mantenerse en el poder. Esa es una de las diferencias claves entre el Social-Castrismo, y el Socialismo del Siglo XXI.

El despotismo electoral parece ser la fórmula política a usar en el siglo XXI por aquellos gobernantes que tienen una clara vocación autoritaria, pero que gustan vestir su liderazgo con la legitimidad que confiere el voto, un factor que falta al régimen cubano.

Este procedimiento para controlar unipersonalmente el poder lo califica el ex presidente ecuatoriano Osvaldo Hurtado[27] como una forma de "golpe de estado", porque *"un presidente constitucional elegido por el pueblo, mediante el uso malicioso de las instituciones democráticas la manipulación del voto de los ciudadanos. Fue de ejecución prolongada ya que se cumplió paulatina y metódicamente a lo largo de varios años. No intervinieron las Fuerzas Armadas, no fue alentado por movilizaciones populares y no intervino el Congreso Nacional".*

El ex presidente Hurtado se refiere en particular al control que ha establecido Rafael Correa en Ecuador, pero es prácticamente el mismo método usado por los otros déspotas que han asumido el SSXXI como forma de acceder al poder y controlar el gobierno.

En el Siglo XX, cuando la tecnología de la información estaba en pañales, la práctica para aparentar que el Jefe de Gobierno era un demócrata respetuoso de las leyes, pasaba por la compra de votos, el robo de las urnas electorales o simplemente un conteo fraudulento que favorecía el candidato que amparaba el gobierno.

Aunque en la actualidad esa fórmula no se ha erradicado por completo, se utilizan otros métodos más sofisticados que permiten encubrir con más eficiencia los fines de aquellos que, a la vez que buscan el poder absoluto, intentan perpetuarse en el poder.

Uno de los métodos usado es la modificación, a conveniencia, de los padrones electorales, conceder a extranjeros partidarios del proyecto documentos que lo acrediten como nacionales o reprogramar las computadoras para que alteren el voto emitido. En esto el régimen venezolano ha marcado pautas.

---

[27] Dictaduras del Siglo XXI. El caso ecuatoriano. Osvaldo Hurtado. Paradiso editores.Ecuador.2013.

Otro avance hacia el control político es la reestructuración de los poderes públicos, establecer lo que algunos conceptúan de dictadura institucional.

Juntos a las promesas de reformas radicales, se suma la vulgar compra de favores y la no menos prosaica corrupción.

Una estructura que recibe una especial atención del liderazgo gubernamental son las Fuerzas Armadas.

El discurso es de extremo nacionalismo. Refundacional, glorificador del rol de los militares. Promesas de reformas institucionales, modernización de la técnica de combate, junto a la sensibilización del cuerpo armado con los históricos problemas de la sociedad de la que proceden.

Los militares son objetos de prebendas de todo tipo. Favores, privilegios y honores sin precedentes. El cóctel que le ofrecen tiene como objetivo politizar a las fuerzas armadas hasta convertirla en parte del gobierno.

Por supuesto, el control sobre las Fuerzas Armadas no impide la creación de milicias o grupos paramilitares identificados con el gobierno o el partido oficial.

Otro elemento fundamental es el cuerpo electoral. Este poder debe interpretar la reglamentación electoral a favor del gobierno e implementar nuevas legislaciones y disposiciones, según convenga a este.

La sociedad civil, compleja y rica en expresiones, exige una atención y cuidado especial. Para controlarla o alcanzar ciertos grados de neutralización se recurren a diferentes métodos que pueden ir del chantaje abierto a la intimidación, sin descartar acciones extremas de los gobernantes hasta lograr su domesticación.

En los primeros tiempos el SSXXI no acosa a los descontentos y menos todavía práctica una represión masiva.

Pero sí se favorece crear un clima de desconcierto y dudas en sectores y personalidades que por diferentes motivos puedan estar identificados o inclinados al Proyecto, pero que en principio lo rechazan.

Cada entidad ajena al gobierno recibe un trato particular.

Sindicatos y colegios profesionales deben ser reinventados. Es obligatorio captar sus líderes y ajustar sus fines, pero si ambos factores o uno de ellos no es posible, hay que desacreditarlos y destruirlos moralmente.

Es imperativo constituir instituciones paralelas devotas del gobierno que estén listas para servir como instrumento y fundamento de la nueva sociedad.

Estos nuevos déspotas no tienden a la falsa austeridad de sus predecesores del socialismo real, ni sufren del fanatismo doctrinal de aquellos.

Gustan del lujo y del confort, por lo que prefieren crear una clase empresarial parásita y dependiente del estado, que cuando lo requieran las circunstancias, puedan enfrentar las corporaciones empresariales y gremios del ramo que corresponda, con proyectos económicos aparentemente independientes.

Esto no impide la confiscación y estatización de aquellos sectores de la economía que el Poder pueda valorar como estratégicos, pero habrán excepciones, porque no procuran el control económico total, salvo en la medida que les permita mantenerse en el poder. Esa es una de las diferencias claves entre el Socialismo Real y el del Siglo XXI.

Los medios de comunicación ejercen una atracción que es fatal para los profesionales del sector de la información. El nuevo liderazgo del país es a la vez el personaje de la noticia y su intérprete.

Son representativos del antiguo refrán de "que el individuo era tan protagonista que en el funeral quería ser el muerto, pero también el que despidiera el duelo". Les place ser tratados como estrellas de espectáculos y actuar como tales.

En su concepción y práctica del poder, la comunicación directa y masiva con la población es vital, y por eso conducir programas propios de radio y televisión es de suma importancia.

Controlar los medios de comunicación es un objetivo clave para los proyectos autocráticos, sin importar como se defina el proyecto.

La confiscación de los medios es un recurso, pero el preferido es incorporarlos al nuevo orden[28]. La prensa "viste" de democracia, y un periodismo cipayo es el traje de gala de la dominación.

Un aspecto a tener presente en el caso venezolano, son las particulares relaciones con el gobierno de Cuba.

Venezuela ha podido implementar en su territorio las experiencias represivas del gobierno de La Habana, por lo que el país sudamericano es para el régimen de los hermanos Castro una especie de laboratorio en el que ha sido posible ensayar nuevas tácticas represivas acorde a los parámetros impuestos en las relaciones internacionales del presente siglo.

Venezuela ha sido oportuna para implementar nuevas tácticas represivas y desestabilizadoras, y también para readaptar viejas fórmulas restrictivas e instrumentar sistemas de control acorde con los nuevos medios de comunicación.

El modelo impuesto en Venezuela puede aprender mucho de las habilidades que el totalitarismo castrista ha mostrado poseer en lo que respecta a la penetración de sectores de la oposición.

---

[28] En este tipo de operación el "chavismo" ha establecido pautas. Ha montado medios informativos propios o comprado a los que le hacían oposición, como ocurrió con el canal de televisión "Globovisión" o el diario "El Universal".

Dividir, corromper, chantajear y confundir es parte de la labor de desestabilización que la dictadura de la Isla ha desarrollado por décadas y que tanto los gobierno de Chávez como Maduro han puesto en práctica en más de una ocasión.

Sitúan topos. Gente que se presentan muy dispuestas, capaces y obedientes, que se ganan la confianza de quienes les rodean, pero que sutilmente incentivan las diferencias entre quienes lideran una posición o proyecto contrario al régimen.

En todo el hemisferio no hay un aparato represivo con la experiencia del cubano, ni con similar capacidad de mutar de victimario a víctima.

Otro renglón en que la experiencia cubana ha servido al SSXXI del chavismo es en, el servicio exterior.

Cuba tiene vasta experiencia en ese campo. Son pocos los países que tienen un cuerpo diplomático tan capacitado y comprometido con su gobierno, y no con el estado que supuestamente representan, y ese es de suponer el conocimiento y experiencia que la cancillería venezolana espera obtener de la cubana.

Los diplomáticos deben ser militantes. Individuos comprometidos con el pensamiento oficial. Defensores a ultranza del régimen, y agresores contra los que disientan.

Los sujetos de la diplomacia cubana reciben beneficios proporcionales al servicio que prestan. Reciben una fuerte preparación en los entramados de la diplomacia. Son en apariencia burócratas inocuos que cuando sus superiores lo determinan, se transforman en espías protegidos por su inmunidad.

CAPÍTULO IV. Cuba

Totalitarismo carismático.

Por más de cinco décadas Cuba ha estado sometida a un régimen totalitario muy singular y es que Fidel Castro aunque le impuso a su gobierno las características de su personalidad agresiva e intolerante, también vinculó su gestión a su capacidad de atracción, eso que algunos definen como carisma.

Su habilidad para simular y manipular en los primeros meses del triunfo insurreccional, logró desorientar y neutralizar, por el tiempo que le fue necesario hasta enraizarse en el poder, a los sectores de la sociedad insular genuinamente democráticos[29] pero que creyeron ingenuamente en sus propuestas.

Al renunciar el premier José Miró Cardona, asumió el cargo Fidel Castro y quien, sin resistencia de parte de los funcionarios gubernamentales, asumió todos los poderes del ejecutivo.

El primer Consejo de Ministros, liberal y demócrata, -no había comunistas entre ellos- derogó los Estatutos que habían sido puestos en vigor por el régimen derrocado y dictó una Ley Fundamental que modificaba los artículos 21, 24 y 25 de la Constitución de 1940, que autorizaba la retroactividad de la Ley

---

[29] La mayoría de miembros del primer gabinete del gobierno revolucionario renunció en menos de 18 meses. Entre los primeros que hicieron dejación de sus cargos estuvo el Primer Ministro, José Miro Cardona, Posteriormente dejaron sus cargos otros ministros, entre ellos, Manolo Raí, Ministro de Obras Publicas, Rufo López Fresquet, Ministro de Hacienda y Elena Mederos, ministra de Bienestar Social y el primer canciller del régimen Roberto Agramonte.

Penal, en aspectos como la confiscación de bienes y la pena de muerte.

Se suspendió la invocación a Dios en el preámbulo de la Carta Magna, que nunca fue restablecida a pesar de ser la promesa capital de todos los sectores políticos que se oponían al régimen de Fulgencio Batista.

Por su parte, el Consejo de Ministros asumió poderes que correspondían al Legislativo y adquirió la facultad de poder sustituir al Presidente[30] con la aprobación de las dos terceras partes de sus miembros.

La reforma constitucional suspendió los derechos civiles consagrados en los artículos 27, 29, 196 y 197 a las personas sometidas a procesos judiciales por los Tribunales Revolucionarios. Esta decisión era una espada que pendía sobre la cabeza de quienes no se plegaran al dictado de los que gobernaban.

En fin, el Gobierno Revolucionario, integrado por un grupo de cubanos de probadas credenciales democráticas, se abrogó poderes que frustraron las promesas de restaurar la Constitución de 1940. Ellos fueron en gran medida los que hicieron posible el establecimiento de una nueva dictadura y en breve el de un régimen totalitario.

Castro, como hubiese escrito Anatole France, es un demiurgo a toda ley. Un seductor por excelencia, como habría dicho William Shakespeare si le hubiese tocado escribir este periodo de la historia de Cuba. Un ilusionista capaz de conservar la confianza de sus partidarios a pesar de fracasos, mentiras y traiciones.

Su liderazgo ha estado sostenido sobre las bayonetas al igual que su talento. Su habilidad para inspirar confianza entre los subalternos ha sido fundamental para conservar el mando. Otro

---

[30] El primer presidente después del triunfo de la Revolución, Manuel Urrutia Lleó, fue depuesto por un golpe de estado orquestado por Fidel Castro.

aspecto fue la audacia que mostró durante toda su vida, al igual que su indiscutible capacidad para manipular situaciones.

En el país las ideas desaparecieron para abrir paso a las consignas." Elecciones para que", "Armas para qué[31]", "Si Fidel es comunista que me pongan en la lista", "Fidel esta es tu casa", un aquelarre de consignas, discursos sectarios, divisivos, clasista, que sembraban en la sociedad sentimientos de odio, miedo e inseguridad un aderezo necesario para implantar un nuevo tipo de dictadura hasta ese momento desconocida en el país.

El faraón insular generó desde el período insurreccional un discreto culto a su persona y cuando llegó al poder fue capaz de que las masas, y cierto sector de la clase dirigente, se convencieran que estaban frente a un hombre que sintetizaba los mejores intereses de Cuba y sus ciudadanos.

En un santiamén, una humilde isla del Caribe tuvo su propio Dios, profeta y espada de una religión que instauró su propio Satán en la tierra: Estados Unidos[32], su principal carta de triunfo,

---

[31] José Illán. Profesor universitario. Fue vice ministro de Hacienda del Gobierno Revolucionarios de enero de 1959 a marzo de 1960."Origen, Evolución y Consolidaciones Cuba Socialista". "A fines del mes de febrero se había podido identificar la existencia de varios millones de dólares a disposición de la embajada de cubana en Suiza, enviados por el gobierno de Batista para comprar armas. Cuando se estaba tramitando su transferencia a La Habana, para ingresarlo en el presupuesto de la Republica, se dio la contraorden de dejar el dinero en Suiza para abrir una cuenta de banco a nombre del Primer Ministro, Fidel Castro, el ministro de Hacienda y el Tesorero de la Republica, destinada a la compra de armas.

[32] Fidel Castro viajó a Estados Unidos sin que mediara una invitación oficial. Sostuvo entrevistas con varios medios de prensa, organizó un acto público en el Parque Central de Nueva York y el embajador de Cuba en Estados Únidos, el profesor Ernesto Dihigo y López Trigo, consiguió que se entrevistara con el vicepresidente Richard Nixon. Varios funcionarios del gobierno revolucionario se entrevistaron con altos funcionarios del gobierno estadounidense, quienes le ofrecieron a Cuba un préstamo para inversiones de desarrollo de 500 millones de dólares, los que Fidel Castro rehusó aceptar, planteando que se negociaría en su momento un préstamo mayor.

ante una opinión pública mundial que no es exactamente pro norteamericana.

El faraón extendió su influencia mas allá de las fronteras de su reino y no pocos fariseos y gentiles le apoyaron para que iniciara una cruzada en busca de una utopía en la que un hombre nuevo avergonzaría por sus virtudes al más íntegro de sus antepasados.

Castro tuvo la oportunidad de escribir sus propias realizaciones, aunque haya sido el ineficiente mayoral de una finca de más 100,000 kilómetros cuadrados, involucró en los conflictos cubanos a las potencias atómicas y miles de sus partidarios murieron en tierras extranjeras para cumplir su sueño de catequizar a los herejes.

Se creyó un ser excepcional y que en consecuencia su utopía todo lo podía, al extremo que no se percató que el tiempo se le agotaba y que sus éxitos en política internacional, lo que realmente le importaba, no significaba el desarrollo de una ciudadanía robusta en el actuar ideológico de su propuesta y tampoco una nación autosuficiente en la gestión económica.

Su dependencia de la URSS fue al final el gran lastre del régimen. El proyecto que había auspiciado había desangrado virtualmente el país.

La nación bajo su régimen fue devastada en todos los aspectos, incluido la frustración de la ciudadanía que creyó y apoyó el proyecto. Sus antiguos fieles, confundidos y aletargados ante tanto desencanto, solo aspiran a su provecho personal y no al de la nación.

La épica y la lírica revolucionaria la personificó Fidel Castro, pero hay que admitir que contó con innumerables adeptos que promovieron su proyecto dentro y fuera de Cuba.

Gestó un mito sobre el ataque al Cuartel Moncada, el naufragio del Granma y convirtió una guerra de escaramuzas contra un régimen corrupto, en una epopeya digna de Homero.

Tuvo la habilidad de convertirse en el estandarte de su propio proyecto, el jinete que, con más suerte que virtudes, defendió su utopía en numerosos escenarios.

Por otra parte, la dirección del proceso fue precavida en crear paulatinamente una jerarquía que se iría depurando en base a la lealtad demostrada a los que estaban en la cúspide del poder.

Se puede considerar el Movimiento 26 de Julio[33] como el núcleo central que dio origen al régimen totalitario, pero eso es solo parte de la verdad.

El M-26-7 se fusionó prácticamente con el Partido Socialista Popular[34], posteriormente esta alianza, dio origen a las ORI, Organizaciones Revolucionarias Integradas, 1961, unos meses después se constituyó el PURS, Partido Unido de la Revolución Socialista, 1962, y por último, cuando todos los nudos estaban suficientemente apretados, se creó el Partido Comunista de Cuba, 1965.

El Partido Comunista de Cuba es una gran farsa. Es un instrumento que sirve exclusivamente para vestir ideológicamente las ambiciones de poder de los dirigentes del gobierno. Lo integra una mafia que por años ha gobernado a capricho y que en el

---

[33] En el proceso insurreccional contra el régimen de Fulgencio Batista, participaron varias organizaciones. Entre ellas, el Movimiento 26 de Julio, Segundo Frente Nacional del Escambray, Directorio Revolucionario Estudiantes, Organización Autentica. También participaron agrupaciones cívicas no insurreccionales.

[34] El Partido Socialista Popular repudio el ataque al Cuartel Moncada lo que dio origen al M-26-7, pero cuando se percató de las posibilidades de que el régimen de Batista fuera derrocado, seis meses antes del triunfo de la insurrección, varios de sus dirigentes fueron a las montañas y se incorporaron a las fuerzas castristas. El PSP era una fuerza comunista incondicional de la Unión Soviética y fue usada por Castro para estrechar lazos con ese país.

presente es útil para el enriquecimiento de los moncadistas, sus descendientes e incondicionales.

TOTALITARISMO BUROCRATICO.

Raúl Castro es el individuo encargado de iniciar en Cuba un proceso de transición-sucesión en el que el liderazgo carismático ha sido sustituido, sin traumas, por un entramado burocrático que él dirigió desde los primeros días del triunfo insurreccional tras bambalinas.

Es un hombre discreto que no ama el espectáculo pero que no duda en hacer lo necesario para que la "colonia" permanezca bajo control.

No es ingenioso ni capaz de seducir a su interlocutor, pero sí puede, como eficiente burócrata, conducir el totalitarismo todo el tiempo que el pueblo sometido sea capaz de soportar.

Al parecer llegaron al poder los que hicieron posible que Fidel, más allá de sus peculiares atributos, gobernara por casi medio siglo[35].

Los discursos agresivos, las marchas fastuosas y las declaraciones imperiales desaparecieron ante una riada de circulares y disposiciones que determinan la vida del ciudadano.

Fue en la medida de lo posible una especie de retorno al mundo soviético previo a la perestroika, pero que ha ido evolucionando paulatinamente a favor de medidas que sin poner en riesgo el poder político de la clase dirigente, están generando espacios para un proceso de transición dentro de la sucesión que en su momento, es de suponer, deberá adquirir una propia dinámica que neutralizará la voluntad de conservar el mando de los actuales dirigentes.

Sería demasiado ingenuo considerar que Raúl Castro va a promover libertades que traspasen las de los animales de corral.

---

[35] Fidel Castro ha sido el dictador que por más años ha gobernado un país.

Pensar eso es una quimera. Los burócratas piensan y proyectan en el marco de lo que conocen y el actual gobernante cubano ha sido el más importante funcionario del régimen que actualmente conduce.

En los dos últimos años se aprecia en Cuba una nueva realidad que afecta seriamente a la sobrevivencia del régimen tal y como se conoce: agotamiento del discurso oficial, debacle económica, el fin de los subsidios y un ambiente político económico e internacional diferente.

Esta situación ha determinado la promoción de ciertos ajustes que en alguna medida favorecen a cierto sector de la población, no obstante no es de esperar muchos más cambios en un gobierno que tiene la certeza de que perdería el control si el ciudadano logra más autonomía.

Bajo la égida de Raúl, Cuba continuará siendo un gigantesco campo de concentración que, aunque posiblemente más confortable, siempre estará bajo el control de severos guardianes que tendrán un garrote a mano para aplastar a los herejes.

Por supuesto que es de esperar que el influjo de inversionistas foráneos y de gobiernos extranjeros democráticos ejerza algún tipo de influencia positiva sobre el régimen, en consecuencia, es posible que se produzcan más correcciones de tipo económico, aunque no es de suponer que esos cambios se reflejen en el sector de los derechos políticos.

Tampoco se puede descartar la posibilidad de que el propio gobierno cree aparatos políticos u organizaciones no gubernamentales dependientes de la autoridad, pero capaces de aparentar que en el país se está incubando el pluralismo político y fortaleciéndose la independencia de la sociedad civil.

Eventual Evolución del Totalitarismo Burocrático Cubano al Socialismo del Siglo XXI.

El Socialismo del Siglo XXI puede ser particularmente útil para el proceso de sucesión que se inició en Cuba en el 2006 y que aparentemente llegó a su final cuando Raúl Castro declaró que este sería su último período de gobierno, aunque no expuso si también abandonará su posición de Secretario General del Partico Comunista de Cuba, el organismo rector de la nación, según la constitución.

Todo parece indicar que los Castro han determinado que es necesario iniciar un proceso de transición que les garantice a ellos, y a toda la nomenclatura, la impunidad de sus acciones y la conservación de las riquezas adquiridas.

Por otra parte, el poder en Cuba está centralizado en el Partido Comunista, una corporación mafiosa más que ideológica o política, que según la constitución "es la vanguardia organizada de la nación cubana", y en consecuencia la institución que determina el curso del gobierno y el estado, aunque en realidad las decisiones fundamentales no las toma el pleno de los líderes de esa institución, sino un pequeño círculo de altos dirigentes, primordialmente los que integran el Buró Político.

El proceso que procuran no está orientado a cambios fundamentales en la concepción del poder y tampoco en el liderazgo político e ideológico del país, por lo que no es de suponer que conduzca al establecimiento de un gobierno democrático respetuoso de los derechos humanos.

En consecuencia, es factible que el balance de la realidad determinará el surgimiento de otra expresión autocrática del poder al interior de la Isla, una condición en la que el SS XXI podría ser un referente.

El Socialismo del Siglo XXI encaja perfectamente con los intereses del régimen cubano y es de esperar, por lo que se ha podido apreciar hasta este momento, que la dictadura insular busque implementar algunos de sus aspectos, preferiblemente después que el núcleo fundador del totalitarismo salga de escenas.

La dictadura cubana tiene a su favor que ejerce un control total de la economía y que si el estado decide disminuir ese control hay una "gerencia", aproximadamente el 70 por ciento fueron militares de alta graduación, que pueden asumir con relativa independencia el manejo de las corporaciones del estado, lo que transformaría a estos individuos de privilegiados en multimillonarios.

Una situación similar ocurre con los medios de información y las organizaciones de la sociedad civil que en el presente son parte de la maquinaria estatal.

Los líderes de estas entidades y empresas se convertirían en dirigentes independientes o en propietarios de los medios, por lo que el entramado de intereses haría viable la permanencia de la nomenclatura y el surgimiento de nuevo líderes interesados en mantener lo ya establecido.

Otro vital campo a tener en cuenta son las Fuerzas Armadas. El principal punto de apoyo del régimen ha sido el aparato militar, mucho más que la policía política, o cualquier otro organismo del estado, incluyendo al inefable Partido Comunista.

Un número considerable de miembros del Comité Central del Partido son militares.

Los Castro son más evocados como militares (comandantes) que como líderes políticos y en las purgas que se produjeron en el gobierno en el verano y otoño de 1989[36] la estructura que salió más favorecida fue la militar y sorpresivamente el equipo que se

---

[36] Altos funcionarios del gobierno fueron procesados y cuatro de ellos ejecutados. Los principales acusados y condenados a largos años de prisión, fueron dirigentes del ministerio del Interior. Entre los fusilados estuvo el general Arnaldo Ochoa y el ex ministro del Interior, José Abhrantes, quien murió en la cárcel en condiciones nunca esclarecidas.

suponía leal y ortodoxo, el Ministerio del Interior, fue el gran perdedor.

En lo que respecta a la dictadura institucional que caracteriza al SSXXI, el gobierno cubano no tiene que efectuar cambios. En la isla todos los poderes públicos están supeditados a la voluntad de la clase regente.

Cuba es el país del hemisferio donde existen las mejores condiciones posibles para instaurar el sistema de despotismo electoral que existe actualmente en Venezuela, y sus pares de Bolivia, Ecuador y Nicaragua.

En lo que Cuba va a tener que producir cambios para poder asumir la visión de dominio del Socialismo del Siglo XXI es en legitimar la pluralidad política y permitir la gestión pública de operadores políticos e ideológicos independientes del gobierno.

Hay que tener en cuenta que en los países que rige el SSXXI existía una diversidad política legal que, a pesar de la victoria electoral de los promotores del nuevo despotismo, ha sido reconocida en las nuevas constituciones. En Cuba, en 1959 los partidos políticos fueron ilegalizados.

Por supuesto que la pluralidad política en los países que han instaurado el Socialismo del Siglo XXI es en realidad limitada y sujeta, como se ha apuntado con anterioridad, a la voluntad oficial, pero en la isla de los hermanos Castro no existe ni este magro espacio.

El otro aspecto clave que el social-castrismo tiene que cambiar no es institucional, ya que corresponde al carácter, convicciones e intereses de quienes conducen el país.

En Cuba la intolerancia y el sectarismo han sido una práctica de estado. Perseguir al que piensa diferente es un mandato. Reprimir a quienes disientan y se opongan al gobierno es una prioridad, una característica también presente en el Socialismo del Siglo XXI, aunque con menor frecuencia e intensidad que en Cuba.

Ese cambio es fundamental para que Cuba pueda asimilarse a las autocracias del SSXXI, aunque también existe la posibilidad que esos autócratas copien al régimen de la Isla y sumen a su arsenal la intransigencia de los Castro.

En la memoria colectiva de la nomenclatura castrista está presente el proceso que condujo a la extinción de la Unión Soviética, por lo que la aceptación de que factores contrarios participen en la vida política de la nación, no les va a ser muy fácil.

Pero, evidentemente, el modelo del Socialismo del Siglo XXI puede ser una alternativa de futuro para Cuba en la voluntad de los que hereden el poder, aunque no parece estar presente en quienes lo detentan en la actualidad.

Cierto que se han producido ajustes económicos y algunas que otras modificaciones de carácter legal que la propia sociedad demandaba, gestiones que tal vez impulsaron sectores de la clase dirigente identificados con el despotismo que implica el Socialismo del Siglo XXI, que para ellos, no para el pueblo, puede ser la solución a los problemas que enfrenta y padece hace más de medio siglo la sociedad cubana.

Esta, por supuesto, no sería la solución. Cuba demanda cambios estructurales, incluido un lavado a fondo de la conciencia ciudadana. El individuo debe salir de la masa, ser de nuevo ciudadano para elegir un gobierno que respete sus derechos. Retomar la soberanía perdida.

No obstante, el gobierno de Cuba ha sido capaz, a pesar del agotamiento real del sistema, de la falta de su principal gurú, Fidel Castro, y de las modificaciones económicas y algunas legales que se ha visto obligado a realizar, de mantener un fuerte control sobre los organismos de masas y continuar movilizándolas de acuerdo a sus conveniencias.

El motivo de que esta situación se mantenga es porque los dirigentes de esas entidades están conscientes que rápidamente pueden cambiar de represores a reprimidos si no cumplen con el mandatato que les dicten

Está más que demostrado que los valores que la dictadura inculcó entre sus partidarios no fueron asimilados en la medida que convenía al régimen, en consecuencia lo que mantiene la aparente cohesión entre gobernados y gobernantes es el monopolio de la fuerza que tienen los que detentan el poder.

El rotundo fracaso de la dictadura en la gestión económica y social ha conducido al desencanto de amplios sectores de la sociedad, y aunque todavía cuenta con suficientes gamberros para el acoso y el abuso, cada día son menos los que están dispuestos al atropello.

La dictadura ha ido desregulando ciertas actividades económicas y generando más espacio para la inversión extranjera que, según parece, indicar, se irán profundizando según convenga a los intereses del gobierno.

Tales disposiciones legalizan el enriquecimiento de los jerarcas y sus familiares y no atentan gravemente contra la dependencia del gobierno del resto de la población, lo que permite apreciar que al igual que el desaparecido mandatario venezolano Hugo Chávez aceptó la formación de una clase económica que tenía una relativa independencia, la dictadura insular puede estar promoviendo la legitimación de una especie de castro burguesía que, aunque existe hace años, siempre han procurado ocultar.

En Cuba habrá millonarios como los hay en China. La dictadura eliminó el sector productivo cuando accedió al poder porque la independencia económica de los ciudadanos era una amenaza, pero los nuevos ricos no serán un peligro a temer porque sus bienes se originan en sus compromisos políticos, tanto o más que en su capacidad productiva.

Sin hacer referencia a la vanguardia de la sociedad que está integrada por quienes en contra de la voluntad oficial demandan espacios propios y enfrentan los riesgos de la cárcel o el exilio interno o externo, cada día hay más ciudadanos que sin tener conciencia plena de sus derechos políticos se percatan de lo alienada que está la sociedad en la que malviven.

El cambio de régimen no forma parte de las perspectivas de la mayoría de estas personas, pero las dificultades que padecen les conducirá a una mayor independencia de pensamiento, lo que les hará concluir que para alcanzar una plena realización ciudadana tendrán que terminar con el control social que el castrismo ejerce sobre uno y todos ellos.

CAPÍTULO V

Reflexiones sobre las condiciones y posibilidades de la oposición política en Cuba.

Es evidente que la oposición política a cualquier gobierno tiende a tener una serie de factores comunes sobre los que fundamentan sus propuestas y protestas.

Sin embargo, cuando el proceso opositor se extiende en el tiempo, se internacionaliza o se modifican los escenarios de actuación, las bases del descontento y de los proyectos de cambio suelen variar, en consecuencia, el espectro de las acciones y propuestas están sujetos a radicales modificaciones que pueden afectar la naturaleza de la oposición e incidir en sus gestiones a favor del cambio que procura.

Si cada uno de estos factores por sí solo puede modificar sustancialmente cualquier propuesta, es difícil conjeturar en qué medida esos tres elementos actuando simultáneamente, como sucede en el caso cubano, pueden determinar el pensamiento y las acciones de las fuerzas opositoras.

Por otra parte, los factores ajenos a lo esencial del conflicto que han incidido en las fuerzas opositoras han sido numerosos y poderosos.

A las anteriores condicionantes que afectan particularmente a las fuerzas opositoras hay que sumar el carácter totalitario del gobierno de la Isla, que independientemente a su capacidad represiva, tiene a su disposición todos los otros recursos de que dispone un estado con esa particularidad.

Un régimen que se sostiene sobre preceptos excluyentes y absolutistas tiene a su disposición numerosos medios para promover y asentar su propuesta, e imposibilitar el desarrollo de los agentes que intenten afectarle.

Uno de esos recursos es el estricto control de los medios de información y divulgación.

El monopolio de los medios de expresión posibilita la creación de un clima favorable al pensamiento oficial y a la formación de una militancia que, aunque en muchas ocasiones es más aparente que real, facilita la gestión gubernamental que tiene como objetivo difundir una imagen mesiánica y definitiva de la sociedad que se propone.

Por otra parte, el control de la información impide la divulgación del descontento, cercena la capacidad de exponer nuevas ideas y la propagación de un nuevo liderazgo.

La educación es otro instrumento importante en una sociedad totalitaria. Controlar y manipular las organizaciones de ese sector, es clave para quienes dirigen un proyecto de esas características.

El condicionamiento de la ciudadanía a una forma de pensar tiene como resultado una conducta que solo favorece a los que tienen la capacidad de imponer esa condición.

En Cuba, en el momento en el que triunfó la insurrección, existían 14 organizaciones independientes de trabajadores de la Educación. Por ejemplo, el Colegio Nacional de Pedagogos agrupaba a 10,000 profesionales y el de Maestros Normalistas y Equiparados, más de 20,000 y la Asociación de Maestros de Escuela Privadas otros 10,000 educadores.

El desparecido profesor Rolando Espinosa señala en su trabajo, "La Destrucción de las Organizaciones Magisteriales", que más de 75,000 trabajadores de la educación estaban agrupados en las 14 organizaciones referidas y que el gobierno de Fidel Castro, cuando las eliminó, se quedó con los fondos de las instituciones educativas, entre ellos, 800,000 dólares del Colegio de Pedagogos, del cual él era presidente y los 2,000,000 millones de dólares de la cuenta que tenía el Seguro de los Maestros Privados.

La forma en que el régimen dominó las instituciones educativas fue el modelo que siguieron para controlar el resto de las organizaciones no gubernamentales. El chantaje, la descalificación moral, la intimidación y el uso de la fuerza fueron prácticas comunes en todo el país para acceder al control de las ONG.

Otro aspecto fue el igualitarismo. Determinaron que los Colegios de Profesionales desaparecieran y se transformaran en Sindicatos que el gobierno controlaría.

El presidente de la República, Osvaldo Dorticós Torrado[37] expresó "Ustedes tienen que ser lo enterradores de los colegios profesionales, porque estos son prejuicios burgueses que no pueden existir en un régimen socialista".[38]

La educación, en conjunción con un adecuado manejo de la información, viabiliza la constitución de valores sobre los cuales va a edificarse la nueva sociedad y el hombre que le corresponda. También, al controlar el sistema educativo, el régimen puede limitar las posibilidades de instrucción y desarrollo intelectual de los potenciales opositores y favorecer a sus adeptos.

---

[37] Osvaldo Dorticós Torrado, presidente de Cuba desde 1959 a 1975 y ministro de Justicia en ejercicio. Dorticós, abogado de profesión, fue el segundo presidente de la revolución cubana, cargo que asumió tras la dimisión de Manuel Urrutia.
Ejerció la presidencia hasta 1975, en que una reforma de las instituciones cubanas determinada por Fidel Castro, entonces primer ministro, presidente a la vez del Consejo de Estado y del Consejo de Ministros. Conservó su puesto en el Comité Central del partido y posteriormente, en 1981, fue designado ministro de Justicia. Se suicidó en 1983.
[38] Osvaldo Dorticós en reunión con los presidentes de los colegios profesionales de distintas tamas.10 de febrero de 1961.
Nota del Autor. En realidad tanto Urrrutia como Dorticos fueron figuras decorativas en el gobierno cubano. Todas las jefaturas estaban bajo la autoridad de Fidel Castro.

El régimen determinó formar maestros identificados con el Proyecto Socialista y al efecto creó el Instituto Pedagógico Makarenko, centro donde los educandos recibían una preparación política especial.

Otro aspecto a destacar es el control de la economía. La intervención de la actividad económica por el Estado crea sentimientos de dependencia e indefensión en el ciudadano de carácter crónico que dificulta, en gran medida, el surgimiento de conductas contestarías, incluyendo aquellas que no tienen connotación política.

La economía estatal forma individuos temerosos a cambios que puedan alterar sus condiciones de vida, ya que se habitúan a normas de subsistencias que consideran seguras e imposibles de modificar.

La participación masiva de la población en los proyectos gubernamentales, incluyendo los propagandísticos, es posible porque la autoridad política nacional es el único empleador y, por lo tanto, quién premia o castiga según la conducta del individuo.

Por otra parte, no se puede ignorar que cualquier proyecto o gestión política demanda, entre otros factores, tiempo y recursos, y por consiguiente, individuos que cumplan una labor a tiempo completo en esa actividad.

Los gastos personales e institucionales de una organización opositora bajo un régimen totalitario tienen que financiarse con acciones ilegales o con colaboraciones económicas que deben ser clandestinas, porque la contribución por sí misma, para algo que no sea oficial, también es delito.

La viabilidad de una oposición frente a un régimen de fundamentos totalitarios es muy precaria, porque el financiamiento implica un esfuerzo tan ingente como la lucha política que debe proponer e instrumentar.

El manejo de la economía por parte del gobierno impide, en gran medida, una oposición autosuficiente en recursos financieros y, en consecuencia, en posibilidades operativas, lo que puede obligar a esta a recurrir a apoyos extranjeros o incurrir en acciones delictivas que le provea los medios necesarios.

La satisfacción de necesidades que en gran medida son determinantes para actuar en contra del gobierno, favorecen las campañas de descrédito y descalificación que las autoridades instrumentan constantemente contra las fuerzas que se le oponen.

El poder totalitario también ejerce un eficiente y rápido control sobre la aplicación de sus códigos judiciales.

La ley es impartida por funcionarios y no por jueces debidamente capacitados, seleccionados o electos. La valoración ideológica de la acción delictiva prevalecerá más que cualquier otra consideración. El individuo se aprecia indefenso ante el poder del estado.

La condición de orfandad estimula sentimientos fatalistas y de impotencia que caracterizan toda sociedad sometida a la acción de un poder ilimitado.

El gobierno también cuenta con capacidad de ejercer una mayor influencia sobre el pensamiento y la conducta de la oposición al interior de la isla, que sobre la que opera fuera del país.

El régimen cubano ha creado un pasado a la medida de sus intereses con nuevos símbolos y deidades nacionales que gracias a la omnipresencia de la propaganda oficial subyacen de cierta manera en los juicios y acciones de toda la sociedad, incluido aquellos sectores de la población no integrada, sin exceptuar los individuos y organizaciones que se oponen abiertamente a la autoridad establecida.

Esa realidad virtual, imaginada y promovida por el Poder, conformada por los medios propagandísticos y la educación, generan en el individuo que está tomando conciencia de la realidad nacional reflexiones contradictorias y hasta dudas sobre la legitimidad de sus eventuales nuevas evaluaciones sobre el entorno.

Esta influencia, que subyace por un período de tiempo en las conductas y propuestas de numerosos opositores y en factores de la oposición, hacen que frecuentemente sus proyectos políticos se aproximen a los del propio gobierno y que en ocasiones favorezcan indirectamente los planes del régimen.

Este predominio del oficialismo sobre la oposición no es nuevo.

Los primeros grupos opositores, como se señaló anteriormente, en 1959 y 1960, en número significativo, reproducían partes del discurso oficial y se identificaban como revolucionarios.

Cierto que muchos de los dirigentes de la nueva oposición habían participado relevantemente en el proceso insurreccional contra la dictadura de Fulgencio Batista, y como resultado, tenían la convicción de que la Revolución había sido traicionada.

Es conveniente destacar que la mayoría de las personas que participaron en el proceso insurreccional que triunfó el primero de enero de 1959, eran individuos de convicciones democráticas.

Muchos con mentalidad reformista y favorecedores de un proceso que restaurara la legalidad fundamentada en la constitución de 1940, que había sido promulgada casi 20 años antes.

El término revolución, muy abusado en la historia de Cuba, fue parcial y erróneamente usado por las nuevas organizaciones contestarías en su lucha contra el totalitarismo, porque si es cierto que la inmensa mayoría de esas agrupaciones y sus miembros no tenían vínculo alguno con el régimen derrocado, tampoco impugnaban la sociedad anterior en su conjunto, aunque favorecieran cambios estructurales que posibilitasen una mayor democracia y justicia, junto a la pluralidad política y económica.

El régimen, debido a lo vertiginoso de su acción en los planos políticos, sociales, culturales y hasta religiosos, determinó en cierta medida la gestación y actuación de fuerzas opositoras[39] que no estaban preparadas todavía para enfrentar un proceso que disfrutaba de un amplio apoyo popular.

El nuevo poder masificó la opinión pública y posibilitó la difusión de un temor e inseguridad en el individuo y sectores de la sociedad sin precedentes en la historia republicana.

Estigmatizó a críticos e indiferentes por igual. Militarizó a la sociedad y aplastó brutalmente cualquier manifestación cívica de protestas, obligando a los elementos contrarios a actuar para sobrevivir, sin que estos pudiesen evaluar las posibilidades reales de sus acciones.

El nuevo liderazgo dislocó por completo al individuo y a la sociedad civil que este había creado durante siglos en la Isla.

El uso constante del anatema y la difamación, la imposición de leyes y regulaciones restrictivas y la recurrencia al sectarismo más

---

[39] Es importante reseñar que algunas formaciones que habían actuado en la vida política cubana antes del triunfo de la insurrección en 1959, como la Organización Auténtica,"OA", uno de sus líderes era el doctor Manuel Antonio de Varona y la "Triple A", que dirigía Aureliano Sánchez Arango, se reorganizaron y se alistaron para luchar contra el comunismo. También se constituyeron nuevas organizaciones, como el Movimiento de Recuperación Revolucionaria, "MRR", el Movimiento de Revolucionario del Pueblo, "MRP", el Movimiento 30 de Noviembre, "M-30N", el Directorio Revolucionario Estudiantil, "DRE", el Movimiento Demócrata Cristiano, "MDC", Movimiento Rescate Revolucionario, "MRC", el Movimiento Demócrata Martiano, "MDC", el Movimiento Insurreccional de Recuperación Revolucionaria, "MIRR", Unidad Revolucionaria, "UR", por solo citar unas pocas.

incisivo, imposibilitó que la sociedad civil se recrease, pudiera organizarse y actuar eficazmente en las nuevas condiciones creadas por la dictadura que se encontraba inmersa en el proceso de establecer un estado totalitario.

A pesar del ambiente negativo gestado por el gobierno, en el país se constituyeron numerosas organizaciones que cumplieron innumerables acciones contra el orden que se estaba imponiendo. La inviabilidad de aquellas propuestas contrarias al régimen no niega su legitimidad histórica y el sacrificio de los hombres y mujeres que lo protagonizaron.

Otro de los factores nocivos que incidió en la gestación de los primeros movimiento opositores y que continúa presente, a pesar de las más de cinco décadas transcurridas, es la diversidad de los orígenes políticos de los que componen las fuerzas que enfrentan al totalitarismo.

Este largo período ha permitido rectificaciones y las consecuentes reubicaciones políticas, situaciones que demandan niveles de comprensión y tolerancia para las que no todos están preparados.

Esta realidad requería esfuerzos extras para evitar, o al menos reducir, las recriminaciones de las partes y también impedir potenciales conflictos personales que se remontan en el tiempo.

Pero regresando a los primeros años del poder totalitario, se puede apreciar que las propuestas políticas de la mayoría de las organizaciones pioneras de la oposición eran radicalmente opuestas a las gubernamentales, aunque enfatizaban, al menos, dos aspectos en los cuales coincidían ambos discursos: Soberanía Nacional y Justicia Social.

En cierta medida el régimen generó una oposición temprana en sectores que en principio fueron sus aliados, porque aunque conceptualmente estaban a favor de cambios radicales, rechazaban la aproximación a las fuerzas comunistas y la implementación de un régimen dogmático que combatía hasta las creencias religiosas y cercenaba las libertades ciudadanas.

Estas agrupaciones de carácter cívico y comunitario, que operaron con relativa libertad en los primeros seis meses de 1959, trabajaron a favor de mejorar las condiciones de las clases más desposeídas, sin embargo, cuando apreciaron que en el país se estaba instalando un nuevo despotismo, no dudaron en enfrentar el gobierno en las condiciones más difíciles.

Es apropiado destacar que aunque algunas de estas congregaciones coincidían con el régimen en que el estado debía tener un mayor control de la gestión económica, defendían el pluralismo político y la independencia de la sociedad civil de los organismos gubernamentales.

Otro elemento a destacar es que las diferencias de orígenes políticos y las distintas proyecciones ideológicas de los movimientos contrarios al totalitarismo que se fueron creando, dificultaba la integración de un frente común.

Entre esas facciones estuvo presente el sectarismo, la división y enfrentamientos de orden político, aunque no bélicos.

En estas diferencias Estados Unidos jugó un papel importante.

Estados Unidos fue el principal facilitador de recursos para enfrentar la dictadura, consecuencia de la indefensión económica en la que se encontraba la oposición, factor que le permitía imponer condiciones que generaban más divisiones entre los sectores opositores.

En ocasiones, las diferencias entre agencias y departamentos del gobierno de Estados Unidos repercutían gravemente en la capacidad operativa de los exiliados y de los que luchaban dentro de la Isla.

Por otra parte, el nuevo régimen, desde su instauración, enfrentó un enemigo natural: las fuerzas que defendieron o estaban en alguna medida asociadas al viejo régimen, y las víctimas de los numerosos abusos de poder en que incurrió el gobierno en cuanto tomó el poder.

Otro aspecto que no se debe obviar es que la nomenclatura castrista supo establecer sus prioridades para conservar y acentuar el poder sin tener en cuenta las alianzas o las organizaciones que, aunque independientes, habían luchado contra el régimen de Batista.

Estas organizaciones, y sus líderes, si no se plegaban al proyecto eran primero neutralizadas y posteriormente eliminadas.

Muchos de los factores arriba mencionados, junto a las condicionantes históricas y culturales de Cuba, determinaron las estrategias y tácticas desarrolladas por las primeras fuerzas que se enfrentaron al nuevo orden.

Esos factores fueron claves para que la oposición, independiente a las motivaciones ideológicas y políticas de cada agrupación y sus dirigentes, mimetizara las fórmulas que habían propiciado el derrocamiento de Fulgencio Batista, recurriendo, por lo tanto, a la lucha clandestina en las ciudades y a la confrontación armada en las montañas y llanos.

A finales de los años setenta, paralela a los remanentes de la oposición de los sesentas, surgieron nuevas agrupaciones que bajo la bandera de los derechos humanos[40] enfrentaron el sistema.

De la matriz de los derechos humanos surgieron otras organizaciones con identidad propia que en su mayoría se autoproclamaban disidentes, pero que evolucionaron hasta asumir proyecciones políticas contrarias al régimen.

---

[40] Ricardo Bofill fue la persona que inicio la defensa de los derechos humanos en la isla y en consecuencia asumió posiciones contrarias al régimen.

Muchas de las personas que integraban estas agrupaciones habían nacido después de la implantación del régimen totalitario y otras habían trabajado activamente a su favor. Sin embargo, sus perspectivas fueron cambiando y asumiendo posiciones críticas que derivaron en el surgimiento de nuevos opositores.

Esta diversidad de orígenes políticos y de compromisos públicos e ideológicos de los individuos que han participado y participan en la lucha a favor de la democracia en Cuba, no tiene precedente en la historia del país.

Las condicionantes expuestas con anterioridad, junto a los diferentes escenarios donde se han cumplido los episodios más importantes del proceso, más los múltiples factores extranjeros que han ejercido algún tipo de influencias sobre los actores cubanos, orientan a dividir en periodos las actividades de la oposición política.

CAPÍTULO VI

Etapas de la Oposición

Primera Etapa.
Este periodo se extiende desde 1959 al 1967.

Se caracterizó porque las fuerzas emergentes de la oposición intentaron procesos de carácter cívico que contuvieran el avance arrollador del totalitarismo simbolizado en una persona.

Entre otras gestiones, intentaron la reorganización de los partidos políticos y actividades para incentivar la pluralidad en la sociedad, pero todas estas diligencias fueron brutalmente reprimidas.

También hay que apuntar que paralelo a las acciones cívicas que protagonizaron varios sectores de la sociedad, se organizaron facciones que favorecieron desde el principio la lucha armada.

Un recurso muy recurrido fue el debate político y la denuncia de la penetración comunista en el proceso revolucionario.

Para este empeño se apelaron a los medios de comunicación que aún no habían sido confiscados. La prensa reprodujo numerosos artículos y denuncias que criticaban los abusos de poder. Fueron muchos los cuestionamientos y los debates entre personalidades democráticas y las vinculadas al Partido Socialista Popular[41].

Hubo protestas y manifestaciones públicas, pero la represión se fue incrementando hasta alcanzar cotas que determinaron que hasta los grupos que favorecían el enfrentamiento cívico recurrieran a la lucha armada.

---

[41] Uno de esos debates en la prensa más conocidos fueron los que sostuvieron el doctor Andrés Valdespino y el dirigente comunista Carlos Rafael Rodríguez.

Se pueden considerar varios los hitos que determinaron el cambio de rumbo de la oposición, pero reseñaremos solo algunos de ellos

El golpe de estado al presidente Manuel Urrutia LLeo.[42]

El control de la Federación Estudiantil Universitaria por parte del gobierno.[43]

El proceso Huber Matos[44]

---

[42] El magistrado Manuel Urrutia Lleó fue propuesto en el periodo insurreccional por el Movimiento 26 de Julio y en consecuencia, por Fidel Castro para presidente provisional de la republica después del derrocamiento del régimen de Batista. La autoridad del mandatario siempre estuvo supeditada a la de Castro, independientemente a que siempre rechazó la penetración comunista en el proceso revolucionario. La situación de Urrutia se complicó aún más cuando su enfrentamiento con los comunistas hizo crisis. Como protesta por la supuesta traición de Urrutia, Fidel Castro organizo una maniobra que consistió en presentar su renuncia al puesto de primer ministro durante un programa de televisión. El dictador lo tenía todo planeado. Las manifestaciones a su favor y en contra de Urrutia fueron numerosas, en consecuencia, el golpe de estado mediático se concretó el 17 de julio de 1959. Le sustituyo Osvaldo Dorticós Torrado. En abril de 1961 Urrutia se asiló en la embajada de Venezuela.

[43] Uno de los primeros pasos del régimen para controlar la FEU fue la creación de la Comisión Mixta de Reforma en cada Facultad de la universidad. El curso de 1959, que se inició el 11 de mayo, fue inaugurado por Fidel Castro. El régimen inicio una política de exclusión de los profesores que tenían puntos de vistas diferentes a los oficiales. El control sobre la Universidad y de la FEU se alcanzó cuando el comandante Rolando Cubelas, con el apoyo del gobierno, derrota al candidato a la presidencia, Pedro Luis Boitel que no contaba con la simpatía del gobierno a pesar de que era del Movimiento 26 de Julio. Fidel Castro apoyó públicamente la candidatura integrada por Rolando Cubela, y de la que también formaba parte Ricardo Alarcón.

[44] El 21 de octubre de 1959 fue arrestado en Camagüey, junto a oficiales y soldados, en el regimiento de esa provincia el comandante Huber Matos. Durante meses y en diferentes ocasiones le hizo conocer a Fidel Castro el incremento de la influencia comunista en el ejército rebelde. Castro le respondía que eso no era relevante y que tenía la situación controlada. Matos dirigió una carta renuncia a Castro en la que exponía una vez más su posición contraria a la penetración comunista, la respuesta de Castro fue el encarcelamiento y un proceso judicial espurio contra Matos y sus compañeros.

El X Congreso de la Central de Trabajadores de Cuba.[45]

[45] El 22 de enero de 1959, como algo esperado, la CTC fue disuelta y sustituida por la CTC-R con una directiva provisional encabezada por David Salvador y Conrado Bécquer. Fue el primer paso práctico para subordinar el movimiento sindical. La resistencia de grupos urbanos impulsados por la Federación de Obreros y Empleados del Comercio crearon el Frente Obrero Humanista (FOH) donde se aglutinaron 25 de las 33 federaciones de industrias bajo el lema ¡Ni Washington ni Moscú!. Durante mayo y junio se celebraron las elecciones para reemplazar las directivas provisionales en medio de una gran lucha. El deseo de los comunistas de rescatar la CTC terminó en un rotundo fracaso, hasta que finalmente el conflicto se decidió en el X Congreso celebrado en noviembre de 1960. David Salvador se encargó de poner en evidencia la pérdida de identidad de la CTC cuando expresó que los trabajadores no habían ido al Congreso a plantear demandas económicas sino a apoyar a la revolución y ante la pregunta de Emilio Máspero, observador del Movimiento Social Cristiano, acerca de cuál era el proyecto de los trabajadores, respondió sin titubear: "Lo que diga el Comandante". El enfrentamiento entre comunistas y anticomunistas pasó de los gritos a los puños y de ahí a la intervención policial. En ese estado, Fidel insistió en la unidad, pero 25 de las federaciones dejaron constancia de su disposición a separarse de la CTC-R si se aceptaba la unidad con los comunistas; lo que constituyó la manifestación anticomunista más decidida de un sindicalismo que se debatía entre la vida y la muerte. En la noche del 22 de noviembre, sin otra opción, Fidel volvió a la carga y calificó al congreso de asilo de locos. Expresó sentirse contrariado al ver que la clase obrera se negaba a sí misma la oportunidad de defender y guiar la revolución. Seguidamente propuso un voto de confianza a la candidatura de David Salvador y luego, violando la independencia sindical, se procedió a la elección de la directiva en su presencia. Por consenso se elaboró una candidatura que dejó fuera a los comunistas y anticomunistas más destacados, la que fue aprobada unánimemente. Inmediatamente después, el Ministro del Trabajo fue investido de las facultades para realizar congreso lo que fue imposible durante sus sesiones. Comenzó la despedida de dirigentes sindicales y la intervención de sindicatos y federaciones; proceso que se inició por la Asociación Cubana de Artistas Teatrales y terminó cuando la mayoría de los dirigentes electos para el X Congreso quedaron excluidos. Esa operación, como en momentos anteriores de nuestra historia, fue presenciada impávidamente por la clase obrera. Era el resultado de la aureola revolucionaria, el carisma del líder, las medidas populistas y la negación del carácter comunista, pero sobre todo, de la pérdida gradual de la independencia del sindicalismo, sin el cual se pierde su esencia. Los últimos reductos del sindicalismo independiente realizaron una manifestación de protesta por las calles de La Habana el 9 de diciembre de 1960 y fueron expulsados del M-26-7 y de la CTC. La intervención de empresas en 1960 finalizó con 11 mil entidades industriales, comerciales, financieras o de servicios en manos del Estado. Sin embargo, a pesar de que este proceso se realizó en nombre de la clase obrera, ninguna de las empresas adquiridas pasó a sus manos para ser auto gestionado por los supuestos dueños del poder. Tomado de la página web, Solidaridad de

Agotadas las posibilidades de una solución política en la Isla se constituyeron numerosos movimientos clandestinos que en situaciones muy complejas y difíciles realizaron acciones urbanas en contra de la dictadura. Atacaron diferentes objetivos, algunos emblemáticos[46] del gobierno y como consecuencia de estas operaciones miles de activistas fueron ejecutados o asesinados.

Trabajadores Cubanos.

[46] En el incendio de "La Tabacalera", un negocio que estaba en la barriada capitalina del Cerro, se usaron petacas que eran traídas desde el exterior, pero en la quema de cañaverales o de pequeños negocios confiscados por el Estado, se usaban materiales elaborados por el movimiento clandestino. La oposición estaba consciente que con sabotajes no se derrocaría al régimen pero sí que era una estrategia que provocaba inestabilidad y que proveía experiencias para acciones de mayores envergaduras. También se realizaron actos de sabotaje que no demandaban explosivos como el corte de líneas telefónica, el cruce de las mismas, daños en las centrales telefónicas y también en las líneas de trasmisión del fluido eléctrico.
La noche del 30 de Noviembre de 1960 es una fecha importante en este recuento. Esa noche fueron detonados en La Habana varios artefactos colocados por miembros del M-30-N. Tres de los hombres que arriesgaron sus vidas con explosivos inestables, pero que tomaron la precaución para que las detonaciones no hirieran a personas inocentes, fueron Julio Casielles Amigó, William Le Santé Mager y Luis Olirio Méndez Pérez. Los tres fueron apresados y fusilados en los fosos de la Fortaleza de La Cabaña. El asalto a la oficina de pagos de la Compañía Cubana de Electricidad situada en la Avenida Carlos III, 1961, en La Habana, aunque fracasó en sus objetivos fue una evidencia de la audacia y determinación de los grupos del movimiento clandestino. La oposición trataba de destruir objetivos en poder del Gobierno y el Gobierno respondía con toda la fuerza del estado contra aquellos que les hacían resistencia. Un incendio destruyó en La Habana, el almacén de tabacos de las firmas Rothschilds, Samuels y Dulgman situado en la calle Dragones detrás del Capitolio Nacional. Las pérdidas se calcularon en varios millones de dólares.
Un almacén de papel de bobina situado en la calle Franco y Lindero en La Habana, fue quemado por la resistencia. Estallaron bombas en la refinería de la compañía petrolera norteamericana Esso, en La Habana. En otro acto de sabotaje se detonó una bomba en las oficinas del Partido Comunista de Cuba, en la época se identificaba como Partido Socialista Popular; otra explotó en un transformador de energía eléctrica en el reparto Mañana. Otro, entre muchos actos de sabotaje que se realizaron a lo largo de la isla en el sector de la energía eléctrica, ocurrió en el reparto Naranjito. La acción afectó ese servicio en varias zonas del Vedado, Miramar y La Habana. Se provocaron incendios en los almacenes de las tiendas por departamentos

Otros miles de personas se alzaron en armas en montañas y llanos[47] y enfrentaron cerca de una década, ofensivas militares en condiciones precarias, porque los insurrectos no contaban con recursos suficientes para el combate.

En este periodo tuvieron una alta incidencia factores extranjeros.

Estados Unidos apoyó en recursos, medios y entrenamiento a varios sectores de la oposición y la Unión Soviética respaldó en ese mismo orden al gobierno castrista, que ya había manifestado públicamente su alineación con la ideología comunista.

En 1961 se produjo la expedición de la Brigada 2506[48] en la que más de mil quinientos cubanos armados y entrenados por Estados

---

como el Ten Cent, Flogar, La Época y la emisora CMQ. Todos estos sabotajes tenían lugar después de las siete de la noche, cuando no hubiera personas en los inmuebles. Fueron miles los sabotajes y atentados, solo se reseñan algunos acontecimientos.

[47] En todas las provincias cubanas se produjeron alzamientos en armas, incluidas en la provincia de La Habana, Matanzas y Camagüey que presentan amplios llanos. Se alzaron cientos de hombres y varias mujeres. Algunos combates fueron muy cruentos con cerca de una veintena de muertos por la parte guerrillera, el gobierno nunca ha dado un parte oficial de sus bajas en esos enfrentamientos. Algunos de los insurgentes más conocidos fueron el capitán, Porfirio R. Ramírez Ruiz, presidente de la Federación Estudiantil Universitaria de Las Villas, fusilado junto a otros altos oficiales del ejército rebelde. Otros líderes guerrilleros fueron Osvaldo Ramírez, Julio Emilio Carretero, Jose Martí Campos, Fernando del Valle Galindo, Francisco Robaina y Roberto Lopez. Los alzados se contaron por miles y las guerrillas organizadas en los seis años que duraron los enfrentamientos armados pasaron de trescientas.

[48] El 17 de abril desembarcó en Cuba la Brigada 2506. Los hombres fueron entrenados en Guatemala pero la expedición partió de Nicaragua. Los miembros de la Brigada 2506 fueron reclutados (Miami etc.), entrenados, armados (Guatemala/Retahuledo/Helvetia etc.), transportados (Nicaragua/Puerto Cabezas) y escoltados hasta su destino final, Playa Girón-Cuba, por agencias y medios controlados por el gobierno de los EEUU. La Brigada 2506 en realidad era un batallón reforzado de unos 1500 hombres. En proporción, más de la tercera parte, unos 600 hombres, eran elementos de apoyo asignados en las áreas de logística, sanidad, transportación, comunicaciones, administración etc. La misión primaria consistía en conducir operaciones anfibias y de paracaidistas y establecer y defender una cabeza de playa en Bahía de Cochinos /Playa Girón y sostenerla por 72 horas hasta que el

Unidos desembarcaron en la Isla. La operación fue sofocada por el
Consejo Civil arribara, se constituyeran y pidieran ayuda a los EEUU y otros países
Latinoamericanos y desde la base establecida continuar las operaciones. De la tropa
de combate de unos 900 hombres, alrededor de 300 fueron neutralizados al ser
hundidos los barcos en los que eran transportados, el resto, unos 600 hombres fueron
distribuidos en diferentes frentes en playa de Girón y sus alrededores. La fuerza
diversionista de unos 168 hombres, que se suponía que desembarcara por la provincia
de Oriente, indispensable para desviar tropas y la atención sobre las operaciones de
Girón, abortó la misión por estar comprometida el área de desembarco y se regresó
sin poder participar en las operaciones militares. Un ataque simulado "finta" con
equipos de sonidos, simulando una batalla por el área de Pinar del Río, también para
desviar la atención, no dio los resultados esperados. Durante el desembarco en Girón
dos de los viejos y depauperados barcos comerciales que transportaban personal,
abastecimientos, armas, municiones, comunicaciones, hospitales, transporte,
gasolina alimentos, etc. fueron hundidos por "héroes" de la Fuerza Aérea cubana,
porque eran blancos fáciles, estacionarios, desarmados e indefensos. Una gran
mayoría de los miembros de la B-2506, desembarcaron nadando hasta la playa,
porque sus barcos fueron hundidos, los motores fuera de borda de los botecitos de
desembarco no funcionaban, los arrecifes o el coral no les permitía llegar hasta la
orilla. Como consecuencia, muchos se vieron forzados a abandonar su arma,
municiones y la mochila con los pertrechos para no hundirse por el peso del equipo y
ahogarse o para no ser ametrallados en el mar por de la Fuerza Aérea del régimen
castrista. En el medio de la operación todo el apoyo prometido por las agencias del
Gobierno de los EEUU fue suspendido por el presidente J.F.K. sin que la jefatura ni
los miembros de la brigada fueran notificados. Más de la mitad de las misiones de
apoyo de la Fuerza Aérea (B-26) de la B-2506 fueron cancelados en el medio de la
operación antes de terminar de neutralizar los blancos asignados (aviones, tanques,
camiones, depósitos de municiones, gasolina, puentes, carreteras etc.) necesarios para
proteger y aislar el área de operaciones. Los líderes del Consejo Civil de la B-2506
fueron retenidos y aislados. Los pocos aviones (B-26) de la B-2506 que pudieron
despegar desobedeciendo las órdenes del poder de decisión americano, lo hicieron a
sabiendas de que iban a una muerte segura porque no tenían cobertura de protección
ninguna. Entregaron sus vidas por defender y proteger a sus hermanos de lucha de las
oleadas de miles y miles de milicianos, soldados y policías que se lanzaban sobre los
miembros de la B-2506 abandonados a su suerte por sus amigos, en las arenas de
Girón. Estos si fueron verdaderos héroes, derribados en el aire por falsos "héroes" de
la revolución en sus aviones de combate, porque los aviones B-26 de la B-2506, eran
blancos fáciles, lentos, pesados por la sobre carga de combustible y completamente
desarmados e indefensos. Situación muy parecida, en diferentes circunstancias al
criminal asesinato de los Hermanos al Rescate que volaban avionetas Cesnas
desarmadas en misiones de búsqueda y rescate para salvar las vidas de familias que
escapaban de Cuba en busca de libertad, y fueron derribados en aguas internacionales
por otros "héroes" de barro de la revolución cubana, en sus aviones Jet (MIG-21) de
combate por órdenes personales de Fidel Castro. Los miembros de los equipos de

régimen. Los expedicionarios no contaron con el grueso del apoyo que les habían prometido las autoridades estadounidenses.

Después del fracaso de Playa Girón la situación cubana se internacionalizó. La ayuda soviética se incrementó y Cuba se convirtió en una base de cohetes de largo alcance con capacidades nucleares y aptas para atacar a Estados Unidos[49].

Por otra parte, el gobierno cubano acentuó su campaña para promover en el hemisferio el modelo político que había impuesto en la isla[50]. Este proceso subversivo que fue muy cruento en vidas y recursos económicos, concluyó con la derrota del castrismo.

---

infiltración que ya se encontraban en Cuba con las misiones de brindar apoyo durante el desembarco, obstaculizar las vías de acceso a las áreas de operaciones, establecer comunicaciones con elementos de apoyo de la resistencia interna, ayudar en la movilización de la población civil etc, nunca fueron avisados del desembarco por los poderes de decisión y coordinación americanos y fueron abandonados a su suerte como lo fueron los miembros de la B-2506 en las arenas de Girón. Fragmentos de un trabajo del coronel retirado del ejército de Estados Unidos, expedicionario de la Brigada 2506, Orlando Rodríguez Álvarez.

[49] A mediados de 1962, Raúl Castro y Ernesto Guevara viajaron a la Unión Soviética para suscribir un acuerdo de entrega de armas avanzadas, incluidas armas nucleares, en consecuencia, en octubre de 1962, aviones espías norteamericanos U2 detectaron la construcción de rampas de misiles y la presencia de tropas soviéticas. El 22 de octubre, con el apoyo claro de sus aliados occidentales, el presidente Jhon Kennedy estableció una "cuarentena defensiva", es decir, un bloqueo de la isla, desplegando unidades navales y aviones de combate en torno a Cuba. Si los navíos soviéticos intentaran forzar el bloqueo, el conflicto armado entre las dos superpotencias era inevitable. Fue el momento de la guerra fría en que más cerca se estuvo del enfrentamiento directo entre la URSS y EEUU y de la hecatombe nuclear. Finalmente, tras negociaciones secretas, Nikita Kruschev lanza una propuesta aceptada por Kennedy: la URSS retiraría sus misiles de Cuba a cambio del compromiso norteamericano de no invadir la isla y de la retirada de los misiles *Júpiter* que EE.UU. tenía desplegados en Turquía. El mes siguiente la URSS desmonta y repatría su material bélico ofensivo y EE.UU. levanta el bloqueo.

[50] El régimen cubano organizo varias entidades internacionales para la promoción política de la subversión, pero también organizó campamentos para entrenar y preparar subversivos. Numerosos militares cubanos, junto a nacionales de diferentes países, participaron en acciones subversivas para establecer regímenes similares al cubano.

Las autoridades de los gobiernos latinoamericanos lograron desarticular de manera contundente las fuerzas subversivas y procomunistas. La única fuerza irregular que logró su propósito, muchos años después, y en gran medida por factores ajenos al castrismo, fue el Frente Sandinista de Liberación Nacional de Nicaragua[51].

Durante estos años no dejaron de producirse actos contrarios al gobierno cubano aunque con mucho menos fuerza y frecuencia. El régimen se fue fortaleciendo e imponiendo sus controles a lo largo y ancho del país.

Las incursiones desde el exterior para infiltrarse en la Isla o atacar dependencias del régimen fueron disminuyendo. Muchos expedicionarios fueron apresados y una cantidad importante de los mismos fusilados[52].

---

[51] El triunfo de la insurrección sandinista se produjo en 1979, cuando la dictadura cubana había disminuido drásticamente su política subversiva en el hemisferio. Varios gobiernos de América Latina y Estados Unidos ejercieron presión sobre la dictadura de Somoza para que dejara el poder.

[52] Un ataque comando exitoso tuvo lugar frente al Morro de Santiago de Cuba. Un grupo de seis hombres transportados hasta la costa en un pequeño bote colocaron explosivos que detonaron en la torre de la refinería de petróleo "Hermanos Díaz". Posteriormente, desde el bote que los había conducido al objetivo, atacaron con fuego de 57 Mm., causando la muerte de un marinero y cuantiosos daños a las instalaciones. Los expedicionarios confrontaron a las fuerzas gubernamentales en la bahía, pero lograron escapar y ser recogidos nuevamente por el barco madre.

Un ataque comando directo del Directorio Revolucionario Estudiantil, D.R.E., tuvo lugar contra el edificio Rosita Hornedo en La Habana. Este hotel estaba destinado para el uso exclusivo de los asesores rusos radicados en Cuba. El ataque fue dirigido por Juan Manuel Salvat y participaron entre otras personas, José Basulto y Carlos Hernández. El ataque fue ripostado por las postas militares del hotel y una lancha artillada persiguió a los combatientes, pero estos regresaron al punto de partida sin que les causaran bajas.

Alpha 66 fue una de las organizaciones que más incursionó en las costas cubanas y en el interior de la isla. En 1962, la Unión Soviética había enviado a Cuba varios contingentes militares y al efecto tenía campamentos en varios lugares de la isla, por lo que Alpha dirigió un ataque directo a un enclave militar ruso radicado cerca de la Isabela de Sagua. En la retirada colocaron explosivos en el patio del ferrocarril y en

Una manera para controlar el número creciente de ciudadanos descontentos fue establecer el Servicio Militar Obligatorio, SMO, y posteriormente las crueles y despiadadas Unidades de Ayuda Militar a la Producción, UMAP.

Es válido destacar que dentro del SMO[53], muchos reclutas, a pesar de su juventud, integraron grupos conspirativos bastante poderosos. El gobierno intentó adoctrinarlos ideológicamente a todos pero un número importante decidió combatir el régimen. Lucharon contra el gobierno desde los propios cuarteles del castrismo y muchos fueron encarcelados y muertos.

---

un almacén militar. Militantes del "Alpha 66", atacaron con éxito un cuartel de la milicia en la playa de Juan Francisco, en la costa norte de Las Villas, pero otra incursión contra el barco soviético Lvov, fue frustrada por las fuerzas navales del régimen. Sin embargo, las lanchas artilladas de Alpha 66 atacaron por lo menos en tres ocasiones, el cuartel de milicias de la playa de Tarará, en La Habana.

Otra organización de exiliados que realizo importantes ataques contra los intereses de la dictadura fue "Comandos L", que dirigidos por Tony Cuesta, atacaron el barco de bandera soviética Bakú, que estaba anclado en el puerto de Caibarién, en la costa norte de Las Villas.

En otra ocasión, 1965, lanchas artilladas de Comandos L, el Movimiento 30 de Noviembre y el RECE, atacaron la residencia del presidente de la república Osvaldo Dorticós Torrado, la Octava Estación de Policía y áreas próximas al Acuario de La Habana, provocando serios daños en todas las instalaciones. Las lanchas se situaron a menos de 100 metros de la costa e iniciaron el ataque, que fue dirigido por Tony Cuesta. Las embarcaciones al retirarse tirotearon el Hotel Riviera, que a la sazón servía de hospedaje a militares soviéticos.

Una embarcación que comandó el líder de los Comandos L, Tony Cuesta, arribó a las proximidades de Monte Barreto, en el litoral habanero, para que desembarcaran Herminio Díaz García y Armando Romero Martínez, que en un enfrentamiento con las fuerzas acantonadas en la costa fueron abatidos mortalmente. La lancha de Cuesta fue entonces el objetivo del fuego que le hacían desde tierra y también de embarcaciones torpederas que se aproximaban a toda velocidad disparando sus armas. Antes de incendiarse la lancha murieron Guillermo Álvarez y Roberto Cintas y en el incendio y subsiguiente explosión, resultaron gravemente heridos Tony Cuesta y Eugenio Zaldívar.

[53] Luis Vega, El recluta 51. "La labor del político era la de orientarnos ideológicamente, crearnos consciencia, o sea, lavarnos y exprimirnos algunas ideas mal concebidas, vicios del pasado que arrastrábamos todavía. En resumen era nuestro salvador".

La UMAP fue otro foco de resistencia. Los hombres allí recluidos nunca aceptaron las disposiciones gubernamentales, al extremo que dichas unidades fueron un tiempo después desmovilizadas.

Pero, sin duda alguna, la mejor muestra de resistencia contra el totalitarismo después que la lucha armada empezó a decaer, fue el presidio político.

En estos años fueron millares los hombres y mujeres encarcelados.

El Reclusorios Nacional para Varones de Isla de Pinos llegó a albergar más de siete mil presos políticos y en el resto del país estaban encarcelados otras decenas de miles.

La prisión fue un gran foco de lucha contra el castrismo. Al régimen se le decía un no rotundo en la cárcel, aunque en las calles la mayoría de la población acataba el poder y otros seguían en silencio esforzándose por mantener su independencia personal.

En estos años se produjo el primer fenómeno masivo en la Isla de ver al pueblo votando con los pies.

En octubre de 1965 se inició el éxodo por el puerto de Camarioca en la provincia de Matanzas. Centenares de embarcaciones de cubanos residentes en Estados Unidos arribaron a Cuba para recoger a los familiares que residían en la Isla, la situación se puso tan delicada entre Estados Unidos y Cuba que ambos gobiernos acordaron establecer los llamados Vuelos de la Libertad.

Ese puente aéreo duró hasta el año 1974 y se calcula que por esa vía salieron de la isla más de 250, 000 personas.

Previamente, 1959 y 1962, habían salido de Cuba otras decenas de miles de personas. En su mayoría, como señalamos anteriormente, eran ejecutivos y propietarios de firmas, grandes comerciantes, dueños de ingenios, ganaderos, representantes de compañías extranjeras y un gran número de profesionales.

Para este momento prácticamente toda la estructura productiva del país estaba bajo control estatal. Las posibilidades de obtener recursos para actuar contra la dictadura eran prácticamente nulas. El desaliento contagiaba y el miedo hacia presa de la mayoría.

La sociedad estaba atemorizada, aletargada y la masa ciudadana buscaba como sobrevivir. Muchos se plegaron al régimen y actuaron para obtener beneficios y privilegios, sin reparar en costos.

Segunda Etapa.
Este periodo se extiende desde 1967 a 1980.

Al desarticularse dentro de la Isla las fuerzas opositoras con las secuelas de millares de muertos y cientos de miles de encarcelados, se consolidó el estado policial y se esparció entre muchos de los sobrevivientes un sentimiento de frustración y desencanto que muy pocos lograron vencer.

Sin embargo, un número importantes de las pocas acciones subversivas que se produjeron en este período, como se avizoraba desde el segmento anterior, fueron producidas por los jóvenes del Servicio Militar Obligatorio que estaban enojados por su situación o con el régimen político.

Uno de estos caso, ocurrió avanzado el año 1975[54], más de quince años después del triunfo de la insurrección y nueve en que

---

[54] Un grupo de seis jóvenes, mal armados y sin preparación, se alzaron en armas en Río Frío, un lugar en la región montañosa del Escambray en Las Villas. La flamante guerrilla era dirigida por Manuel Morales, de 17 años, que integraba junto a sus compañeros una unidad del Ejército Juvenil del Trabajo, EJT (brigadas de trabajo constituidas por el régimen cubano que agrupaban a jóvenes militarmente activos, para servir al ejército) Estos jóvenes seleccionaron la fecha del alzamiento para conmemorar un aniversario más del desembarco por Playa Girón. Los jóvenes alzados en Río Frío, derribaron una torre de observación del régimen en el área en la

los últimos grupos de alzados habían sido exterminados en las centrales montañas del Escambray en la antigua provincia de Las Villas.

Para ejemplificar que la lucha en el exterior no cesaba, es conveniente citar dos ejemplos entre varios.

Amancio Mosqueda Fernández "Yarey", 1969. Mosqueda Fernández, quien se había infiltrado en Cuba en seis ocasiones anteriores, desembarcó en la isla con nueve hombres.

La intensa persecución organizada por el gobierno terminó con la vida de varios insurrectos y la captura de los sobrevivientes, los que en menos de una semana fueron fusilados.

Otro caso similar fue el de Vicente Méndez, 1970, veterano guerrillero y líder militar del Alpha 66, desembarcó con 13 hombres en las cercanías del río Yumurí, al este de Baracoa, en Oriente. Méndez cayó en combate y muchos de sus compañeros fueron fusilados.

Nuevos actos contra el gobierno fueron realizados por equipos de acción que partiendo de Estados Unidos, muchas veces perseguidos por las autoridades de ese país, ingresaban a Cuba clandestinamente para operar en las montañas, ejecutar acciones en las ciudades o zonas costeras, y partir de nuevo al exterior.

Algunos de estos grupos se organizaron en coaliciones y se reunían fuera de Estados Unidos.

Una de estas agrupaciones fue el CORU, Coordinación de Organizaciones Revolucionarias Unidas, que en 1976 se reunió en Santo Domingo para proyectar varias acciones. Uno de los dirigentes de esta agrupación fue el doctor Orlando Bosch, médico pediatra que cumplió prisión en Estados Unidos y Venezuela.[55]

---

que estaban operando. Manuel Morales, hijo de un alzado del Escambray de los años 60, y los guerrilleros que comandaba, fueron capturados después de haber roto varios cercos integrados por cientos de milicianos.

En territorio de Estados Unidos diversos grupos de acción atacaron intereses del gobierno de Cuba y a varios de sus partidarios que residían en ese país. Esto también ocurrió en terceros países o en aguas internacionales, siempre contra intereses del gobierno de Cuba.

En este periodo fueron asesinados en territorio estadounidense y más allá de sus fronteras, varios agentes de la dictadura cubana.

Mientras unos grupos de exiliados se reorganizaban, otros se extinguían. Se crearon también nuevas organizaciones que aunque con estrategias diferentes, tenían el objetivo común de derrocar la dictadura.

Una de estas organizaciones fue Cuba Independiente y Democrática bajo la dirección del comandante Huber Matos, que había sido recientemente excarcelado, 1979, por el régimen de Fidel Castro después de cumplir 20 años de cárcel.

El CID celebró su primer congreso en Caracas, Venezuela, en octubre de 1980.

Huber Matos, fue un ejemplo de constancia y dedicación a favor de la democracia y la libertad en Cuba. El cumplir tantos años de cárcel no le impidió seguir demandando la libertad de los cubanos, aun después de haber cumplido 90 años, siguió denunciando los horrores del castrismo en foros internacionales.

Otra agrupación muy poderosa y que obtuvo grandes logros como consecuencia de sus relaciones con políticos estadounidense y también con el gobierno de Estados Unidos, fue la Fundación Nacional Cubana Americana, inspirada por Jorge Mas Canosa.

---

[55] A la agrupación se le atribuye haber colocado un artefacto en un avión causando la muerte de varias decenas de personas. Bosch y sus compañeros fueron procesados en Venezuela por diferentes tribunales y resultó absuelto de todos los procesos. Algunos analistas plantean que el avión fue volado por el régimen cubano.

Mas Canosa fue un exitoso empresario que en las décadas anteriores había participado en la lucha armada contra la dictadura de los Castro. Mas Canosa se percató de la importancia de ejercer influencia en la política de Estados Unidos para entorpecer los planes de los Castro, pero su propósito final era derrocar el régimen cubano.

Es conveniente destacar que ninguna de estas dos organizaciones, las más poderosas del exilio por años, cifraban sus estrategias en la lucha armada, no la descartaban, era un recurso más en el proceso de confrontación al que ambas organizaciones recurrieron en más de una oportunidad, pero orientaban su labor de derrocar la dictadura por otros medios.

También apuntaban al aislamiento del régimen y a su quiebra económica, aunque es prudente repetir, no excluían la lucha armada como lo empezaron a expresar otras instituciones que se crearon con posterioridad fuera de Cuba, tanto en Estados Unidos como en otros países.

Estos años fueron, en la opinión de muchos observadores, los más difíciles para aquellas personas que en prisión, en la Isla o fuera de sus costas, repudiaban el totalitarismo que se había impuesto en el país.

Es importante destacar que en este período se materializó una corriente de opinión en la que miembros del Partido Socialista Popular, comunistas, que adversaban el poder unipersonal de Fidel Castro, consideraban que las gestiones de gobierno que promovía el jefe de la revolución no se ajustaban a los preceptos marxistas-leninistas.

Ya en 1962 se habían presentado fricciones entre el liderazgo del Movimiento 26 de Julio y dirigentes del Partido Socialista Popular, que salvo contadas excepciones, entre ellas se destaca

Carlos Rafael Rodríguez, no compartían la forma de gobernar de Castro.

El régimen reprimió a estos descontentos. Se efectuaron procesos judiciales en el que muchas personas fueron sancionadas a diversas penas de cárcel por disentir de la manera de gobernar de Castro y sus seguidores. Esto se conoció como la "Micro fracción"[56].

Después de estos acontecimientos el régimen se radicalizó todavía más en términos económicos. Los negocios más insignificantes fueron estatizados y se crearon los ineficientes pero famosos consolidados de servicios.

---

[56] En enero de 1968 el Comité Central del Partido Comunista de Cuba celebró una reunión dirigida por Raúl Castro, fiscal especial en todos los procesos revolucionarios de relieve, en el que acusó de contrarrevolucionarios, agentes de la CIA, de llevar a cabo campañas de difamación y calumnia, de difundir documentos clandestinos contrarios a la línea del Partido Comunista de Cuba, de atacar los planteamientos de los dirigentes del partido y del gobierno, en especial, a las figuras de Fidel Castro y Ernesto Guevara. La mayoría de las acusaciones no constituían delitos en el código penal de la época, no obstante, las condenas estuvieron entre los 15 años de privación de libertad a Aníbal Escalante, supuesto jefe de la conspiración, y entre de 12, 10, 8, 4 y 3 años a los otros encartados.
Esto sirvió para desmantelar el PSP. Aníbal Escalante asume como Secretario de Organización de las Organizaciones Revolucionarias Integradas -las llamadas ORI- y, muy pronto, acusado de "ambicionar el poder", destituido de su cargo y obligado a refugiarse por años en La Unión Soviética, a través del proceso nombrado "crítica al sectarismo" de marzo de 1962. Las críticas provenientes de este sector fueron muchas, entre ellas, al trabajo voluntario, al voluntarismo, la destrucción de la infraestructura económica, los problemas de suministro etc. y muy en particular el mando unipersonal de Fidel Castro. Muchos de los críticos del gobierno, entre los que se encontraban funcionarios de varios niveles -incluyendo miembros del Comité Central como fueron los casos de Ramón Calcines y José Mata. Los gobernantes comenzaron la persecución de toda persona que manifestara cualquier crítica, y a preparar un maquiavélico plan para arrancar de raíz todo vestigio de desaprobación a sus perspectivas de omnipotencia. El primero de octubre de 1967 comenzó la cacería de las cabezas más visibles de aquel movimiento, los cuales eran arrestados a modo de secuestro y, una vez detenidos, sometidos a interrogatorios con fuertes presiones, chantaje, amenazas incluso de muerte, y se les obligó a confesar, al mejor estilo de los procesos de Moscú, sus supuestos crímenes.

Oscar Espinosa Chepe, un economista oficial que posteriormente se sumó a la disidencia, por lo que estuvo en prisión varios años, escribió al respecto:

"La confiscación masiva de pequeños establecimientos, en el marco de la denominada "Ofensiva Revolucionaria", fue anunciada por el entonces primer ministro Fidel Castro en un discurso pronunciado el 13 de marzo de 1968.

Se realizó bajo la consigna de lucha contra el capitalismo y la creación de un "hombre nuevo". Como resultado inmediato ocurrió un enorme deterioro económico y la disminución extraordinaria en la disponibilidad de alimentos y servicios.

De acuerdo con datos publicados por el periódico Granma *en marzo de aquel año, se confiscaron 55.636 pequeños negocios, muchos operados por una o dos personas. Entre ellos 11.878 comercios de víveres (bodegas), 3.130 carnicerías, 3.198 bares, 8.101 establecimientos de comida (restaurantes, friterías, cafeterías, etc.), 6.653 lavanderías, 3.643 barberías, 1.188 reparadoras de calzado, 4.544 talleres de mecánica automotriz, 1.598 artesanías y 3.345 carpinterías".*

Simultaneo con el fortalecimientos de los controles del estado sobre la población y la economía, a pesar del número creciente de personas que real o aparentemente lucían estar con el régimen, en la Isla fueron surgiendo o reanimándose pequeños grupos contestarios que con el transcurso de los años adquirirían relieves propios y se convertirían en referentes de que todo el pueblo cubano no estaba subordinado a la voluntad de la dictadura.

En aquellos años se produjeron algunas acciones violentas contra la dictadura, pero se iniciaba un proceso de lucha relativamente nuevo en la Isla, que consistía en la reivindicación de los derechos humanos.

El abanderado de este proceso fue el profesor Ricardo Bofill Pagés, quien había sido condenado a prisión en la llamada causa de la microfraccción.

Bofill, al igual que otros muchos prisioneros, fortaleció sus convicciones en prisión y elaboró una forma de lucha para la que el gobierno no estaba preparado.

El ataque había sido sustituido por la denuncia. Procurar la divulgación en el exterior de las violaciones a los derechos ciudadanos en los que incurría la dictadura.

En 1976, con la colaboración de varios activistas, Bofill propició la constitución del Comité Cubano Pro Derechos Humanos. Esta tarea se enmarcaba en los procesos que había iniciado en la Unión Soviética, metrópoli cubana, el científico Andrei Sajarov y coincidía también con el compromiso con la defensa de los derechos humanos que promovía el presidente de Estados Unidos, Jimmy Carter.

El trabajo del nuevo Comité no era luchar frontalmente contra la dictadura sino denunciar en todas las instancias posibles, incluidas las nacionales, los abusos a los derechos humanos del régimen.

Transcurrido un tiempo prudencial el propio Bofill inspiró la idea de que era necesario crear otras instancias que se dedicaran a la gestión política, ya que el CCPDH tenía fines muy definidos[57].

---

[57]Al calor de los Acuerdos de Helsinki de 1975 y de la aparición de los primeros organismos de derechos humanos en la URSS y otros países socialistas, Bofill fundó en 1976, junto con la Dra. Marta Frayde y unos pocos colegas, el Comité Cubano Pro Derechos Humanos (CCPDH) con el objetivo primario de denunciar las violaciones de los derechos humanos en Cuba. En contraste con la primera oposición, el nuevo movimiento proponía las tácticas de la desobediencia civil y la resistencia pacífica como formas de lucha por la transformación del sistema (2). Sin embargo, a fines de 1976, la Dra. Frayde fue detenida, condenada a 29 años de prisión por "espionaje" y la actividad del CCPDH se vio reducida al mínimo. Eventualmente, la Dra. Frayde fue liberada y se estableció en España donde mantiene su activismo y dirige una

Otra de las personas que se destacó en la implementación de esta estrategia fue Elizardo Sánchez Santa Cruz, un profesor universitario que había ido a prisión acusado de "propaganda enemiga".

Esos hechos tuvieron serias repercusiones en la problemática cubana, tanto dentro de la Isla como fuera de ella, a la vez que demostraban el dramático deterioro en la opinión pública que había sufrido el proyecto revolucionario.

Tercera Etapa.
Este periodo se extiende desde 1981 a 1994.

En Cuba el movimiento a favor de los derechos humanos se fortaleció y diversificó, en base a la constitución de organizaciones orientadas a demandar derechos específicos, como el de la libertad de expresión.

Otra organización que se constituyó fue La Comisión Cubana de Derechos Humanos y Reconciliación Nacional (CCDHRN), 1987, conducida por Elizardo Sánchez Santa Cruz,

También, según la actividad contestaría se incrementaba, fueron surgiendo nuevos dirigentes que, a pesar de la infiltración de los agentes de la seguridad del estado en sus filas, no dejaron de cumplir con la tarea que se habían impuesto.

Algunos de estos individuos y organizaciones, todas ilegales, fueron radicalizando sus demandas al régimen.

---

publicación del CCPDH sobre los derechos humanos en Cuba. En 1980, Bofill y los pocos disidentes que quedaban en libertad -Elizardo Sánchez Santacruz, Edmigio López Castillo, Adolfo Rivero Caro y Enrique Hernández Méndez- fueron encarcelados con distintos pretextos. Sin embargo, el movimiento se reorganizó en la prisión y, a mediados de los años 80, cobró nuevo vigor cuando sus integrantes fueron saliendo de la cárcel. Entre 1980 y 1985, el CCPDH denunció que sólo de la prisión del Combinado del Este, habían sido llevados a fusilar Ciprián García Marín, Ventura García Marín, Eugenio García Marín, Ramón Toledo Lugo, Armando Hernández, Omar Villavicencio, y Ramón Vera Chaviano, entre varias decenas más. Tomado de un trabajo de Adolfo Rivero Caro, uno de los fundadores del Comité.

El original Comité Cubanos Pro Derechos Humanos continúo su reclamo de respeto a los derechos universales de los ciudadanos. Además se esforzó por divulgar el concepto y en educar y formar a nuevos activistas en la Declaración Universal de los Derechos Humanos.

Paradójicamente, el protagonismo en esta forma de confrontación cívica lo fueron asumiendo personas que estuvieron vinculadas al régimen o que en alguna medida estuvieron asociados política o ideológicamente al gobierno o al partido.

Hay que destacar que los pioneros de esta nueva estrategia que sobrevivían precariamente en las acosadas calles cubanas, recibieron un notable refuerzo cuando muchos jóvenes desencantados y frustrados por el mal gobierno, pero que se habían formados intelectualmente en el proceso revolucionario, se incorporaron a las diferentes instancias disidentes que se iban creando.

Por otra parte, estos individuos que habían enfrentado la modalidad totalitaria cubana desde el propio gobierno y que habían llegado a la conclusión que esa utopía solo conducía a una mayor pobreza y al cese de las libertades más elementales, fueron gratamente sorprendidos cuando el Muro de Berlín, con todo lo que este significaba, fue derruido por personas que, como ellos, también habían creído en el proyecto.

Es válido hacer notar que algunos de estas personas sufrieron prisión política junto a otros que estaban encarcelados desde los años 60 y que el mutuo conocimiento favoreció a soportarse primero, y a comprenderse después en sus diferencias, hasta que llegó el momento en el que pudieron trabajar juntos por el proyecto común de conseguir las libertades ciudadanas.

Es importante destacar una vez más la relevancia del presidio político en todo el proceso de confrontación a la dictadura y en las diferentes etapas en que se pueda dividir este estudio.

La prisión política, por la variedad de las personas que la han integrado y por el hecho que el régimen totalitario ha controlado el país por décadas y siempre han existido prisioneros, demanda una consideración especial.

El presidio fue una cantera de formación y de confrontación. Los presos nunca cejaron en la lucha por el derecho a ser hombres libres, por eso muchos de los que cumplían su sentencia fueron recondenados y otros regresaron a prisión por enfrentar la dictadura nuevamente.

Un aspecto notable es que muchas de las personas que fueron a prisión pudieron haber ocupado diferentes posiciones políticas dentro del régimen. Una prueba que por la extensión del Presidio, se continúa repitiendo.

La diversidad ideológica, los compromisos políticos superados en prisión, es una prueba dura y cruenta. El proceso no ha sido fácil, pero siempre ha vencido a pesar de las crisis, la tolerancia, la vocación al entendimiento y el amor a la causa común.

El contacto entre personas que habían sido enemigas pero que estaban en la misma prisión posibilitó la formación de una conciencia de sobrevivencia física y política.

Esta situación mandatoria y ajena a sus voluntades, los condujo a un mutuo respeto y a esforzase seriamente por trabajar conjuntamente en un proyecto que demandaba la voluntad de todos.

Un fuerte adversario de esa resistencia no violenta fue la propia población y en menor grado ciertos sectores del exilio.

En Cuba, la abulia, el desinterés, el miedo y una especie de castración moral habían penetrado la conciencia pública y sedimentada en un amplio sector de la población una lasitud y fatalismo del cual todavía no han podido sustraerse por completo muchas personas.

Sectores del exilio no concebían que el gobierno no reprimiese con más fuerzas los brotes contestarios, por lo que dudaban de la integridad política de los mismos.

El concepto de agrupaciones defensoras de los Derechos Humanos y la calificación de disidentes a sus promotores, se fue extendiendo paulatinamente desde la capital a otras regiones de la Isla.

Según fueron transcurriendo los años, y en cierta medida por la represión desatada por el régimen, algunos líderes de estas organizaciones se radicalizaron en sus posiciones e iniciaron la gestación de estructuras, que al principio tímidamente y con mayor audacia después, no solo denunciaban y criticaban al régimen, sino que también demandaban cambios políticos en la nación.

El proceso de radicalización de un número apreciable de las instituciones que operaban en la Isla al margen del gobierno, los actos y discursos de estas organizaciones, varias de ellas de reciente fundación, consistían en retar, aunque dentro de la legalidad vigente, al sistema imperante.

Por ejemplo, la "Primera Exposición de Arte Libre", 1988, auspiciada por el Comité Cubano Pro Derechos Humanos en la residencia de Alicia Dapena.

En este encuentro se leyeron poemas de prisioneros políticos plantados como Armando Valladares, Ernesto Díaz Rodríguez y Ángel Cuadra. También se presentaron obras de creadores no oficialistas, como Nicolás Guillen Landrau, Raúl Montesinos, Roberto Bermúdez y Teodoro del Valle[58].

Es justo destacar que este encuentro fue reprimido por efectivos que comandaba el propio ministro del Interior de la época, José Abrahantes.

Posteriormente se organizaron más grupos de creadores independientes. Después de décadas de una sociedad civil sofocada e intimidada, se estaba produciendo una especie de explosión en la que muchos buscaban expresarse libres del control estatal. Se fundaron, entre otras, la Asociación Pro Arte Libre, APAL; y la APAL I, también llamada Asociación Pro Arte Libre.

Hasta este momento la mayoría de las actividades de la disidencia habían tenido como escenarios la capital de la república, por eso hay que destacar la fundación en la ciudad portuaria de Caibarién de la Comisión de Derechos Humanos José Martí, que dirigía un expreso político de los años 60, Osvaldo Garcendía Palacios.

El proceso de crecimiento y fortalecimiento del movimiento opositor favoreció ciertas escisiones, ya que algunos eran partidarios de no asumir posiciones radicalmente opuestas al gobierno, quizás en procura de una especie de velo protector que favoreciera la sobrevivencia de la entidad.

Esa moderación, que podía ser consecuencia de consideraciones tácticas, pero también de postulados de un liderazgo más conservador, se hizo más evidente cuando algunas de esas agrupaciones manifestaron públicamente que nunca retarían el poder y que no transgredirían ciertas fronteras que pudieran desestabilizarlo.

---

[58] Durante la exposición ofrecieron conferencias Adolfo Rivero Caro, Reinaldo Bragado Bretaña y Ricardo Bofill. Además asistieron miembros de una delegación de Human Rights Watch, y la señora Margarita Marín Thompson, a la que el régimen le había fusilado 3 hijos que habían buscado protección en una embajada.

Esa tendencia optaba por una especie de automutilación cuando expresaba que no anhelaba el poder, que los cambios a que aspiraba podían ser promovidos por el propio gobierno, dando a entender que estarían dispuestas a soportar años de ostracismo político, por tal que le permitiesen sobrevivir en su particular vivero.

Al final de esta etapa se empezó a restablecer, aunque sobre otras expectativas, la estrecha colaboración que previamente había existido entre las fuerzas opositoras al régimen dentro de la isla, con las que estaban radicadas en el exterior.

Un sector del exilio que fue gradualmente creciendo, priorizaba su respaldo a los sectores de la disidencia y la oposición que operaban al interior de Cuba. Estos grupos se convirtieron en una especie de caja de resonancia de lo que ocurría en el país.

En el exterior se empezó a divulgar y reproducir en los foros internacionales información sobre la situación interna, una labor que se venía cumpliendo desde la década de 1960, pero que a partir de los 90, como las informaciones que se distribuían procedían directamente de la Isla, tenía una mayor repercusión en los foros que se presentaban.

Desde el exterior también se empezó a enviar recursos a Cuba.

Si en el pasado la ayuda se había materializado en armas y explosivos, en el presente la asistencia era económica o con artículos variados que facilitaban la labor de la oposición interna y también su sobrevivencia.

Cuarta Etapa.
Este periodo se extiende desde 1994 al año 2000.

Los espacios ganados por las organizaciones defensoras de los Derechos Humanos y otras instituciones que impulsaban la creación de una sociedad civil alternativa a las instauradas por el poder totalitarios, se conquistaron a pesar de las golpizas, humillaciones y encarcelamientos sistemáticos que el régimen infligía a los integrantes.

Sin embargo, es en este período donde las diversas organizaciones formadas por la oposición o por individuos que simplemente querían salirse de la tutela gubernamental, alcanzan una especie de madurez ya que se aprecia que las nuevas instituciones las están integrando y hasta fundando, personas que nunca antes habían cumplido un papel político o ideológico en la sociedad nacional.

En este ciclo se constituyen organizaciones que no tienen precedentes en la lucha contra el totalitarismo.

Se recrean los conceptos independientes y se fundan organizaciones de periodistas, educadores, economistas, bibliotecarios, etc., que se identifican como independientes para demostrar su separación del estado y del partido.

Estas y otras organizaciones rápidamente se extendieron por toda la Isla convirtiéndose en referentes para la constitución de nuevas instituciones y en un fundamento clave para el crecimiento y desarrollo de la sociedad civil cubana en el presente y en el futuro post-totalitario.

Mientras un grupo de personas se arriesgaban, en procura de solucionar la tragedia nacional, otra parte de la sociedad tomaba la decisión de votar con los pies y abandonar el país.

Tal y como había ocurrido en la década del 60 con las salidas por el puerto de Camarioca y en los 80 por El Mariel, un grupo de cubanos decidieron arriesgar sus vidas y en frágiles balsas abandonaron Cuba.

El éxodo de balseros de 1994 fue un escándalo internacional que mostraba al mundo el fracaso del régimen cubano, porque miles de personas, en su mayoría nacidas después de 1959, dejaron la Isla al apreciar que las condiciones de vida empeoraban inexorablemente.

En el marco de estas fugas ilegales, pero aceptadas por la dictadura, se produjo el hundimiento del remolcador 13 de Marzo.

Esta embarcación partió de la Isla el 13 de julio de 1994 con 72 personas a bordo, pero fue hundida por remolcadores del gobierno con premeditación y alevosía, causando la muerte de 41 personas, entre ellas 10 niños.

Un acontecimiento que demostraba la transformación sufrida por el movimiento disidente u opositor fue la convocatoria de Concilio Cubano[59].

Este notable esfuerzo estaba orientado a coordinar y promover una agenda alternativa al gobierno. La propuesta de Concilio Cubano se frustró en gran medida por las acciones del régimen y por la falta de comprensión de ciertos sectores que antagonizaban con la dictadura, pero que no compartían la proposición de Concilio Cubano o no la consideraban oportuna.

El gobierno reprimió fuertemente a los organizadores del encuentro pero también derribó a dos avionetas de Hermanos al Rescate[60], causando la muerte de cuatro personas.

Otra situación muy especial fue la publicación del documento La Patria es de Todos[61], en el que los firmantes, entre otras demandas, pedían la convocatoria a una nueva constituyente.

---

[59] "Concilio Cubano consistió en reunir a todas las organizaciones opositoras del interior de Cuba, con apoyo de la oposición del exilio, en una gran coalición, con capacidad organizativa y de movilización,, para crear un parlamento permanente (ilegal) en el cual estuvieran representadas todas, sin que ninguna tuviera que renunciar a su identidad, con el propósito de forzar la transición de la tiranía a la democracia y contar con una opción real para las primeras elecciones libres". Julio San Francisco.

[60] El 24 de febrero de 1996 dos aviones civiles pertenecientes a la organización Hermanos al Rescate, formada por cubanos exiliados, fueron derribadas por aviones militares cubanos en aguas internacionales.

Varios activistas, con el fin de apoyar los reclamos con más energía, empezaron a declararse en huelgas de hambre o a realizar ayunos.

La huelga de hambre ha sido[62], por lo regular, una práctica recurrente en el presidio político, pero paulatinamente los activistas la fueron incorporando a su limitado arsenal de recursos para enfrentar la dictadura.

Una muestra de este tipo de protesta que mostraba la confianza y fuerza que iba adquiriendo el movimiento opositor fue el Ayuno de Tamarindo 34[63]. Decenas de personas se sumaron a esta forma peculiar de protestar en la que se demandaba la libertad de los prisioneros políticos.

El gobierno que nunca ha subestimado a sus enemigos, aunque los desprecie, ante el desarrollo de la prensa independiente, dictó la Ley 88 de Protección a la Independencia Nacional y la Economía de Cuba, cuyo propósito era reprimir a las numerosas agencias de prensa ilegales[64] que se habían creado en todo el país y que

---

[61] El 27 de junio de 1997 se divulgó el documento que fue escrito por los miembros del Grupo de Trabajo de la Disidencia Interna: Félix Antonio Bonne Carcassés, René Gómez Manzano., Vladimiro Roca Antúnez y Martha Beatriz Roque Cabello. Los firmantes fueron a prisión y cumplieron entre 3 y cinco años de cárcel.

[62] José Antonio Albertini. Huelgas de Hambre en el presidio político cubano.

[63] Siete personas miembros de diferentes organizaciones participan en la abstinencia de alimentos: William Herrera, de la Liga Cívica Martiana; Oscar Elías Biscet, de la Fundación Lawton de Derechos Humanos; Aida Valdés Santana, de la Coordinadora de Presos Políticos; Leonel Morejón Almagro, de Naturpaz; Marcos Lázaro Torres, del Partido Democrático 30 de Noviembre, así como Migdalia Rosado y Rolando Muñoz Yobre. El ayuno se extendió por 40 días. El ayuno, nombrado "Vida y Libertad", era en demanda de la libertad de todos los presos políticos. Esta actividad, que tuvo un fuerte respaldo nacional e internacional, se repitió en varias ciudades del país.

[64] Tal legislación motivó que agencias de la prensa independiente como Cuba Pres, Cuba Verdad, la Cooperativa de Periodistas Independientes, la Unión de Periodistas y Escritores Cubanos Independiente y el Grupo de Trabajo Decoro, en una conferencia conjunta rechazaran la llamada Ley Mordaza y expresaran su determinación de seguir informando, a pesar de las sanciones que la ley imponía a

informaban hacia el exterior, en particular a las emisoras comerciales de Miami y a Radio Martí, noticias e informaciones generales que eran escuchadas en el exterior, pero que también podían ser oídas en Cuba por la audiencia que tenían en la Isla estos medios de información.

A cónsono con del desarrollo y fortalecimiento de la prensa independiente en Miami surgieron diferentes transmisoras radiales no comerciales como "Radio Republica" y la que dirigió por muchos años la agrupación Plantados.

También, las instituciones eclesiásticas incrementaron su actividad y feligresía. La frustración ciudadana y el fracaso ideológico del régimen favoreció el desencanto de amplios sectores de la ciudadanía.

La disminución del acoso a los creyentes por parte del gobierno, el fracaso internacional de la doctrina marxista y la creación de organizaciones no gubernamentales fueron factores que impulsaron el crecimiento de las denominaciones religiosas asentadas en la Isla.

La visita del Papa Juan Pablo II, impulsó aun más el desarrollo de estas instituciones y acrecentó su importancia en todo el país.

En esta etapa Cuba fue la sede de la Novena Cumbre de Jefes de Estado y Gobiernos de Ibero América y numerosas organizaciones de la oposición remitieron a los mandatarios visitantes documentos en los que informaba sobre la realidad nacional.

También hubo varias protestas a pesar de que el gobierno dijo que serían reprimidas.

Una de estas manifestaciones fue protagonizada por mujeres,

---

quienes rompieran la censura oficial. Muchos de los periodistas de estas agencias habían sido comunicadores del oficialismo y otros tenían vocación para informar y se dispusieron a hacerlo a pesar de la represión y que hasta la propia Ley Mordaza contemplaba la pena de muerte para quienes tuvieran materiales subversivos.

entre ellas Berta Antúnez Pernet, Milagros Díaz González y Elaine Ibarra Saumell, miembros del Movimiento Nacional de Resistencia Cívica Pedro Luis Boitel. Las activistas desplegaron una tela escrita con denuncias en el parque Mariana Grajales, Vedado, La Habana, demandando la libertad para los presos políticos.

Es importante destacar que según fueron pasando los años la colaboración entre las fuerzas de la oposición de dentro y fuera de la Isla se incrementó mucho más. Se apreció un mayor respeto a las diferencias y propuestas entre los grupos que operaban dentro o fuera de Cuba.

El mundo exterior adquirió un mejor conocimiento del totalitarismo cubano, y su solidaridad hacia las fuerzas de la oposición fue más firme y efectiva, aunque nunca suficiente porque los intereses políticos y económicos han primados sobre los valores y principios que los gobiernos democráticamente electos dicen respetar y promover.

Quinta Etapa.
Este periodo se inicia en el año 2000 al 2003.

Desde la etapa anterior se podía apreciar que tanto la oposición que operaba en Cuba como en el exterior, venían replanteándose sus perspectivas y estrategias.

En la Isla, un grupo notable de las fuerzas que adversaban al gobierno hicieron más precisos sus objetivos. Se distanciaron aun más del discurso oficial enfatizando el rol que debían cumplir en un proceso de cambio, y que la situación económica nacional no era exclusivamente consecuencia de factores externos.

La huelga de hambre continuó siendo un recurso de la oposición, pero la mujer, que desde el inicio de la lucha contra el totalitarismo había cumplido un rol muy importante, fue incrementando su participación.

Por ejemplo, cuando Maritza Lugo, asumió la vicepresidencia

del Partido Democrático 30 de Noviembre, realizó una huelga de hambre en una celda tapiada del Departamento Técnico de Investigaciones, DTI, en 100 y Aldabó, en La Habana.

Posteriormente, desde la Cárcel de Mujeres de "Manto Negro", sacó al exterior un documento acusatorio contra el régimen llamado "Yo Acuso". La denuncia tuvo gran repercusión internacional[65].

El Proyecto Varela[66], demostró que la oposición no era un ejercicio político de intelectuales y de élites políticas ajenas a la corriente oficial de opinión.

Las numerosas personas que avalaron ese proyecto y el surgimiento constante de organizaciones contestarías, demostraban que el aislamiento de la oposición estaba disminuyendo.

El Proyecto fundamenta su propuesta de cambio en un

---

[65] En consecuencia, el Partido Democrático 30 de Noviembre convocó a todas sus delegaciones a un ayuno por la libertad, para apoyar al coordinador nacional de la institución, Marcos Lázaro Torres León, quien desde hacía una semana se encontraba en una huelga de hambre y sed. Al llamado se sumaron la Confederación de Trabajadores Democráticos de Cuba, representantes en Villaclara de las organizaciones Movimiento de Resistencia Cívica Pedro Luís Boitel, el Consejo Nacional Pro Derechos Civiles de Cuba, Movimiento Acción Democrática y el Movimiento Nacional de Derechos Humanos Mario Manuel de la Peña. Todo esto refleja que a pesar de la censura y la represión, la oposición contaba con capacidad relativa para coordinar actividades nacionales.

La confianza que ha ido adquiriendo la oposición en su capacidad de resistencia y convocatoria se expresa una vez más cuando unos cien activistas de la oposición y familiares de presos políticos, bajo la dirección del Movimiento Nacional de Resistencia Cívica Pedro Luis Boitel, el Partido Democrático 30 de Noviembre Frank País y el Consejo Nacional por los Derechos Civiles en Cuba, realizan una peregrinación hasta la tumba del mártir del presidio político Pedro Luis Boitel.

[66] "El 10 de mayo de 2002 presentamos en las oficinas de la Asamblea Nacional del Poder Popular la iniciativa ciudadana del Proyecto Varela. Una demanda apoyada por miles de ciudadanos que, al firmar y escribir sus datos, desafiaban la cultura del miedo y reclamaban la libertad y los derechos para todos los cubanos". Osvaldo Payá Sardiñas, líder y fundador del Movimiento Cristiano Liberación.

referéndum que debería tener en cuenta cinco propuestas: 1) Garantizar los derechos a la libre expresión y asociación. 2) Obtener una amnistía para los presos por causas políticas. 3) Abrir la economía. 4) Modificar la legislación electoral. 5) Convocar a elecciones generales con posterioridad al referéndum.

Este proyecto fue originalmente promovido por el Movimiento Cristiano Liberación y posteriormente se sumaron otras agrupaciones de la oposición, dentro y fuera de la Isla.

Uno de los incidentes más importantes que afectó favorablemente en este periodo a la oposición fue el encuentro que sostuvieron algunos de sus líderes con el presidente mexicano Vicente Fox durante su visita a Cuba en el año 2002.

Este mismo año, 2002, el Parlamento Europeo otorgó a Osvaldo Payó Sardiñas el Premio Andrei Sajarov a los Derechos Humanos. Este reconocimiento, aunque proyectó la figura de Payá a niveles internacionales, también hizo constar que en Cuba se estaba desarrollando una opción alternativa al régimen de los Castro.

Ese acontecimiento, que fue ampliamente divulgado por la prensa internacional y que aumentó el perfil de las fuerzas que rivalizaban con el régimen, confirmaba el prestigio y el respeto que había ganado la oposición y demostraba que estaba quedando atrás el período del opositor aislado que, a pesar de su entereza, no era capaz, por su aislamiento, de provocar los cambios políticos y económicos necesarios.

Otro suceso que también fue relevante para la proyección de la oposición al interior de la Isla fue la visita del ex presidente de Estados Unidos, James Carter.

Carter, durante su estancia en Cuba, se entrevistó con varios dirigentes de la oposición. También se refirió a la existencia de una oposición dentro de la isla a través de los medios de comunicación del gobierno.

Esta exposición hizo posible que toda la población, de manera oficial, conociera que dentro del país existían grupos que, aunque fuera de las leyes vigentes, actuaban políticamente a favor de un cambio de gobierno.

Fue la oportunidad para que el sector de la ciudadanía que deseaba continuar sin escuchar ni ver la realidad nacional, apreciara oficialmente que en la Isla había personas que pensaban diferentes y no temían expresarse.

A finales del 2002, en una muestra de la significativa evolución positiva del periodismo independiente, se fundó la Sociedad de Periodistas Manuel Márquez Sterling[67] y la Revista "De Cuba".

El mecanismo de distribución de los ejemplares de la revista sería la red de bibliotecas independientes que prácticamente se había extendido por todo el país.

El director, Ricardo González Alfonso, declaró que en la revista podían escribir quienes lo desearan sin que importara la militancia política del autor.

La publicación fue sufragada con los ingresos producidos por el V Premio Internacional de Derechos Humanos otorgado a la Sociedad de Periodistas, por la Fundación Hispano Cubana[68], con sede en Madrid, España.

La intensa y fructífera labor desarrollada por las fuerzas de la oposición dentro de Cuba, en la que contó con el firme y eficiente apoyo del exilio, junto al reconocimiento de organismos internacionales y personas de indiscutible importancia pública

---

[67] (1872-1934). Escritor, **periodista** y diplomático cubano. En 1934 fue presidente de la República de Cuba durante seis horas.

[68] Fundación Hispano Cubana es una organización con sede en Madrid comprometida con la democratización de Cuba que ha prestado un gran apoyo a la oposición interna.

internacional, hicieron posible que el protagonismo en un eventual cambio de régimen en Cuba, se desplazara del exterior al interior de la isla.

Durante décadas ese protagonismo radicó fundamentalmente fuera de la Isla como consecuencia de varios núcleos de exiliados comprometidos con la lucha por la democracia en Cuba.

El exilio había dedicado ingentes esfuerzos y recursos para mantener vivo el compromiso de establecer una sociedad democrática.

Cientos de hombres habían partido de playas extranjeras para llevar a la Patria la guerra que consideraban necesaria. Otros viajaron años tras años a diferentes foros internacionales para divulgar lo que sucedía en Cuba. También organizaron eventos internacionales para denunciar al régimen castrista.

Muchos cubanos cumplieron largas condenas en cárceles extranjeras por luchar como les dictaban sus convicciones. La oscuridad que se cernió sobre Cuba fue iluminada muchas veces por el sacrificio, lejos de sus costas, de muchos de sus hijos.

Los desterrados, después de tantos años de extrañamiento y dedicación, se estaban acercando a su primer gran triunfo: que la lucha por la libertad y la democracia se desplazara al interior de la Isla, y que los cubanos de intramuros asumieran el total protagonismo.

La dictadura, aunque disminuida en apoyo popular, pero con la experiencia de lo ocurrido en el bloque soviético y el control que ejercía sobre la ciudadanía, además de contar con los recursos y fuerzas suficientes para intentar dar un alto a las fuerzas de la oposición que cada día se hacían más presentes en todo el país, estaba preparando un zarpazo.

Sexta Etapa.
Este período se inicia en el año 2003 al 2006.

El desarrollo de la resistencia interna cobró niveles de alarma para la dictadura.

La estrecha relación que se había desarrollado entre las organizaciones que operaban al interior de Cuba y que se encontraban en el exilio se fortaleció grandemente.

Las actividades de la oposición interna se incrementaron aun más, al igual que las organizaciones políticas y sectoriales que actuaban al margen del gobierno. La sociedad civil se fortalecía y el régimen no lo ignoraba.

Osvaldo Payá y el resto de los promotores del Proyecto Varela plantearon la convocatoria a un Diálogo Nacional con la participación de todos los sectores de la sociedad: representantes del gobierno, iglesia, asociaciones fraternales, grupos de vecinos, etc.

Los promotores especificaban que la iniciativa del Dialogo Nacional no era sobre el Proyecto Varela y que para participar no había que apoyar el referido Proyecto.

Otra iniciativa importante fue la Asamblea Para Promover la Sociedad Civil. Ese encuentro, en la opinión de muchos de los observadores y especialistas en asuntos cubanos, generó nuevas pautas en la gestión política de la oposición.

La Asamblea para Promover la Sociedad Civil en Cuba, 2003, por medio de su presidenta Marta Beatriz Roque Cabello, exhortaba a los ciudadanos con derecho al voto a manifestar su descontento a través de la abstención, anulación de la boleta o dejarla en blanco.

Un aspecto notable de esta iniciativa fue plantear que en el encuentro debían participar comisiones creadas fuera de la Isla, con el fin de que esas comisiones que se constituyeran, formaran parte de una Asamblea General que estaba proyectada para ser realizada unos meses después.

El rol de la mujer tanto en la oposición como en la sociedad civil seguía adquiriendo una mayor relevancia.

Belinda Salas Tápanes, presidenta de la Federación Latinoamericana de Mujeres Rurales de Cuba, FLAMUR, anunció que se habían fundado en el país cinco cooperativas de mujeres: Matanzas, Camagüey, Las Tunas, Granma y Santiago de Cuba.

Otro acto de soberanía personal e institucional fue cuando el Instituto Independiente Cultura y Democracia, radicado en Santiago de Cuba, realizó El Primer Encuentro Independiente de Escritores y Artistas Cubanos, con el lema central, "El Arte Libre nos Hace más Humanos".

Martha Beatriz Roque Cabello, Félix Bonne Carcassés, René Gómez Manzano, Nelson Aguiar, Orlando Zapata Tamayo y Nelson Molinet, iniciaron un ayuno indefinido en apoyo del doctor Oscar Elías Biscet.

Militantes de la Fundación Elena Mederos y del Partido Pro Derechos Humanos de Cuba en Holguín, realizaron una protesta similar.

En las proximidades del Hospital Materno de la capital, "Hijas de Galicia", donde trabajaba el doctor Biscet, se concentraron decenas de personas exigiendo la libertad del dirigente detenido.

Las protestas, críticas, declaraciones y manifestaciones determinaron que el régimen ordenara la ola represiva que la historia recoge como "La Primavera Negra".

El tipo de redada que tuvo lugar en los meses de marzo y abril del 2003, solo habían ocurrido en los años sesenta y al principio de los setenta.

En todo el país fueron arrestados decenas de periodistas y bibliotecarios independientes, defensores de los derechos humanos y activistas políticos.

Más de setenta activistas pacíficos de diferentes instituciones contrarias al gobierno fueron sancionados a severas condenas de cárcel. Estos arrestos originaron en numerosos países, particularmente en Estados Unidos, severas condenas y críticas al gobierno de Fidel Castro.

También motivó que la Unión Europea impusiera al gobierno de los Castro sanciones de tipo diplomático.

Otro acto de la dictadura que motivó muchas condenas internacionales fue el fusilamiento de tres jóvenes que habían secuestrado una lancha para escapar de la Isla.

Los ejecutados fueron: Lorenzo Enrique Copello Castillo, Bárbaro Leodán Sevilla García y Jorge Luis Martínez Isaac. En el secuestro no hubo hechos de sangre, ni actos de violencia. Los fusilamientos se efectuaron por una orden directa de Fidel Castro.

La represión no intimidó a los opositores y periodistas independientes que no fueron encarcelados, los cuales emitieron un comunicado en el que exponían que a pesar de tener más de veinte colegas en prisión, no dejarían de ejercer su derecho a informar y de ser informados.

También los bibliotecarios independientes reiteraron que continuarían con su labor y que no dejarían de fundar más centros de ese tipo.

Además, como para demostrar que el reclamo de los derechos iba a persistir, se fundó la organización no gubernamental "Hermanos Unidos" en el municipio capitalino de San Miguel del Padrón, y continuaron las vigilias " Por la Liberación Sin Destierro de los Presos Políticos" que se estaban produciendo en toda Cuba desde hacía más de un año.

Este tipo de actividad era apoyada desde el exilio por la organización Plantados hasta la Libertad y la Democracia en Cuba[69], una organización integrada básicamente por ex -prisioneros políticos cubanos, dirigida por el expreso político Ángel Fana y uno de cuyos directivos, Mario Chanes de Armas[70], permaneció 30 años en prisión.

En la Isla, más de veinte familiares de prisioneros políticos marcharon por las calles de La Habana, en la denominada "Semana Negra". Protestaban por las injustas detenciones de opositores y periodistas independientes.

Varios de los activistas más destacados en la lucha contra el régimen suscribieron un documento denominado "Declaración Conjunta Urgente", en el que se rechazaban las acciones represivas, se demandaba la excarcelación de los presos políticos y reafirmaba su vocación de unificar a todas las fuerzas de la oposición.

El documento estaba firmado por Gustavo Arcos Bergnes[71], Félix Antonio Bonne Carcassés, Vladimiro Roca Antúnez, René Gómez Manzano y Elizardo Sánchez Santa Cruz.

A las protestas políticas se sumaron expresiones espontáneas de una sociedad civil libre y dispuesta a romper las rejas.

Las esposas y madres de varios presos políticos empezaron a reunirse en la casa de Laura Pollán, esposa del prisionero Héctor Maseda. Los encuentros fueron llamados "Te Literarios", y consistían en la lectura de cartas y escritos de sus maridos encarcelados.

---

[69] Organización radicada en Miami que tiene como fin ayudar materialmente e informativamente a los opositores que actúan al interior de Cuba. También remite ayuda económica a los familiares de los presos políticos.

[70] Miembro del Movimiento 26 de Julio. Fue uno de los atacantes al Cuartel Moncada y expedicionario del barco Granma. Ambas operaciones fueron comandas por Fidel Castro.

[71] Uno de los atacantes al Cuartel Moncada junto a Fidel Castro. estuvo en prisión y fue unos de los fundadores del Comité Cubano Pro Derechos Humanos.

También estas y otras damas, vestidas de negro y blanco, con la intención de expresar luto y paz, asistían a la misa del Día de las Madres en la iglesia de Santa Rita en la capital cubana.

En Santiago de Cuba, las esposas y familiares de los prisioneros políticos José Daniel Ferrer y Luís Enrique Ferrer, encabezaban manifestaciones de familiares y activistas de presos políticos de la región oriental hasta el Santuario de la Virgen de la Caridad del Cobre.

La solidaridad familiar tuvo uno de sus mejores resultados cuando se constituyeron las Damas de Blanco, un grupo de mujeres familiares y esposas de presos políticos, que hacían de forma colectiva pronunciamientos a favor de sus parientes encarcelados.

Una de las primeras actividades que realizaron fue caminar hasta la sede del Concejo de Estado, en la Plaza de la Revolución, para hacer entrega de una carta en la que demandaban amnistía para los prisioneros políticos.

Otras de las actividades de las Damas de Blanco consistió en marchar hasta la sede la Unión de Periodistas de Cuba y demandar que la prensa oficial informara sobre la situación de sus esposos.

En otra ocasión entregaron un documento similar en la sede del Instituto Cubano de Radio y Televisión. También realizaban periódicamente una caminata por la Quinta Avenida, La Habana, después de salir de misa.

En todas las ocasiones fueron insultadas por los paramilitares del castrismo y muchas veces resultaron agredidas físicamente.

El activismo cívico de estas mujeres es reconocido internacionalmente por varias entidades de prestigio universal.

El Parlamento Europeo en el 2005 determinó que las Damas de Blanco fueran co-galardonadas con el premio Andrei Sajarov de ese año y, en el 2006, la organización Human Rights First les concedió a las activistas el Premio de Derechos Humanos.

Era evidente que la sociedad civil crecía y se fortalecía. Un tejido vivo y ajeno al poder y sin temor a la represión, había surgido y multiplicado como hiedra benefactora. La represión no había impedido ese desarrollo y en cierta medida estimulaba la voluntad de los hombres y mujeres que habían optado por la libertad.

Otra muestra de esta persistencia fue cuando el dirigente opositor Oswaldo Paya Sardiñas, presidente del Movimiento Cristiano de Liberación, MCL, entregó a la Asamblea Nacional del Poder Popular de Cuba, 14,384 nuevas firmas que apoyaban el Proyecto Varela.

Posteriormente hizo público el borrador de un programa para la transición a la democracia, en el que se proponía la elaboración de una nueva Constitución de la República. Aclaró Paya que esta propuesta no sustituía el Proyecto Varela, sino que lo complementaba.

Además, se inició la proyectada Asamblea para Promover la Sociedad Civil en Cuba, anteriormente reseñada.

El evento, 2005, fue organizado entre otras personas por los ya mencionados Marta Beatriz Roque Cabello, Félix Bonne Carcassés y René Gómez Manzano[72]. Los asistentes, más de 200 personas, eligieron por unanimidad como Presidente de Honor al prisionero político, doctor Oscar Elías Biscet.

La conclusión de la Asamblea se produjo en el segundo día de sesiones en el que aproximadamente participaron 130 organizaciones de la oposición.

Martha Beatriz Roque Cabello, dio lectura a la Resolución

---

[72] Los cuatros fueron los que elaboraron el documento "La Patria es de Todos".

aprobada por el Pleno. El documento refería: A) Calificar al régimen de totalitario y estalinista. B) Demandar la libertad de todos los presos políticos. C) Respeto a los derechos humanos. D) La abolición de la pena de muerte y la apertura económica.

Poco después de este significativo evento, "La Asamblea para Promover la Sociedad Civil" y "Todos Unidos" firmaron el documento "Juntarse, Palabra de Orden". El documento sintetiza los problemas, que en la opinión de los signatarios, deben ser resueltos para que el país salga de la crisis que le embarga.

La sociedad civil se extendía todavía más. La cárcel contenía físicamente a los activistas pero sus voluntades seguían libres.

Cotos del régimen fueron metafóricamente invadidos cuando se constituyeron más sindicatos independientes y en Santiago de Cuba, Antonio López, presidente de la Alianza Nacional de Agricultores Independientes de Cuba y fundador del movimiento cooperativo independiente, hizo público el fin del proceso de reorganización de la cooperativa "Transición" y un trabajo similar se cumplió en cooperativas independientes de las provincias de Matanzas, Ciego de Ávila y Camagüey.

Séptima Etapa.

Este periodo se inicia en el año 2006 al 2013.

Este período está marcado por el cambio de gobernante en Cuba, no de régimen. La enfermedad de Fidel Castro determinó que se iniciara un proceso de sucesión dinástica que encabezó su hermano Raúl.

Esta nueva situación generó numerosas expectativas dentro y fuera del país, entre cubanos y extranjeros, por primera vez en 49 años Fidel no estaba nominalmente al frente del gobierno.

Podría discutirse la importancia de su influencia y si tomaba decisiones directas o no, pero la realidad era que ya no dirigía el régimen y que muchos de los funcionarios que él había nombrado fueron paulatinamente sustituidos.

El arribo de Raúl Castro al poder, tampoco la renuncia de su hermano al gobierno, afectó a la oposición. Los activistas pro democracia continuaron con su agenda de libertad sin entrar a considerar quién usaba la fusta más grande.

En el mismo año 2006, Osvaldo Payá Sardiñas divulgó un esquema de trabajo que bautizó como "Todos Cubanos".

El proyecto buscaba colocar las bases de una futura constitución democrática para la isla. El documento fue el resultado del denominado "Dialogo Nacional", que venía promoviendo Paya Sardiñas desde el año 2003.

Como parte de la conciencia ciudadana en crecimiento, la Federación Latinoamericana de Mujeres Rurales (FLAMUR-capítulo Cuba), inició una campaña de colecta de firmas para demandar del gobierno que decretara la circulación de una sola moneda en el país.

En la primera campaña, 2007, lograron recoger más de 10,500 firmas que entregaron a la Asamblea Nacional.

En el 2008 realizaron otra campaña y entregaron a la Asamblea Nacional otras 10,000 rúbricas. En ninguna de las dos ocasiones el cuerpo legislativo les dio respuesta. Entre las peticiones de la organización, estaba "el derecho de poder comprar todo producto nacional, especialmente productos básicos, con la misma moneda con la cual el Estado le paga al trabajador".

Otra constancia de la voluntad de trabajar a favor de una sociedad democrática fue aportada por Jorge Luis García Pérez, "Antunez", quien al día siguiente de haber cumplido 17 años de cárcel, declaró que estaba dispuesto a desarrollar nuevas formas de lucha que condujeran a la democracia.

Antúnez dijo "Yo estoy más firme, más decidido, porque el cambio está teniendo lugar en el pueblo".

Un factor que favoreció la labor de los activistas pro democracia en la Isla fueron las redes sociales. A pesar de que el gobierno ejerce un estricto control sobre el internet, personas comprometidas con informar lo que acontece en el país, se valen de diferentes recursos para trasmitir la información.

La irrupción del teléfono celular también ha facilitado la difusión de mensajes de textos, el twitter y otros recursos, aunque limitados todavía, se han ido extendiendo por el país.

Los llamados blogueros, entre los que destaca Yoani Sánchez[73], hacen una labor muy importante. Cierto que su trabajo no se aprecia en la isla por la censura existente, pero la información que postean se puede ver en tiempo real, lo que disminuye la impunidad de la dictadura.

Los activistas pro democracia crecían en número, los presos de los 75, unos pocos habían sido excarcelados por serios problemas de salud, pero la mayoría permanecía tras las rejas, seguían exigiendo sus derechos y las Damas de Blanco, sus esposas y familiares, no cesaban en demandar su excarcelación.

Uno de estos presos Orlando Zapata Tamayo, decidió hacer una huelga de hambre definitiva. Escogió su final como lo había hecho más de tres décadas antes el dirigente estudiantil Pedro Luis Boitel[74], y otra decena de prisioneros[75] políticos.

---

[73] Por su labor informativa, Yaoani Sánchez ha recibido numerosos premios internacionales, entre ellos, en el 2008, el 'Ortega y Gasset' de Periodismo Digital, que concede el diario El País de España y la distinción de la revista Time que la colocó entre las 100 personalidades más influyentes del mundo

[74] Dirigente del Movimiento 26 de Julio. Aspiró, a la presidencia de la Federación Estudiantil Universitaria. Fue detenido y condenado en 1960. Realizó varias huelgas de hambre, muriendo en la prisión de El Príncipe en 1973, después de 53 días en huelga.

[75] Relación parcial de prisioneros políticos fallecidos en huelga de hambre bajo el

La huelga de Zapata se extendió por ochenta y cinco días. Durante su protesta fue golpeado numerosas veces y tratado con brutalidad extrema.

El sacrificio de Zapata tuvo repercusiones internacionales y determinó que otro activista, Guillermo Fariñas[76], también se declarase en huelga de hambre.

Fariñas en otras ocasiones había realizado huelgas similares, una de ellas para demandar el libre acceso al internet, por lo que Reporteros sin Fronteras[77] le otorgó un prestigioso galardón.

---

castrismo.

1.-Roberto López Chávez, 25 años, murió el 11 de diciembre de 1966 en el reclusorio de Isla de Pinos.

2.- Luis Alvarez Ríos, 31 años, murió el 9 de agosto de 1967 en la prisión Castillo del Príncipe de La Habana.

3.- Francisco Aguirre Vidarrueta, murió en septiembre de 1967 en la prisión Castillo del Príncipe de La Habana.

4.- Carmelo Cuadra Hernández, murió el 21 de julio de 1969 en una prisión de La Habana.

5.- Pedro Luis Boitel, 34 años, murió el 25 de mayo de 1972 en la prisión Castillo del Príncipe, La Habana

6.-Olegario Charlot Spileta, murió el 15 de enero de 1973 en la cárcel de Boniato, Santiago de Cuba.

7.-Enrique García Cuevas, murió el 23 de mayo de 1973 en la prisión provincial de Pretensado, Las Villas.

8.-Reinaldo Cordero Izquierdo, murió el 21 de mayo de 1975 en una prisión de Pinar del Río.

9.-José Barrios Pedré, murió el 22 de septiembre de 1977 en la cárcel Pretensado, Las Villas.

10.-Santiago Roche Valle, 45 años, murió el 8 de septiembre de 1985 en la prisión Kilo 7 de Camagüey.

11.- Nicolás González Regueiro, 42 años, murió el 16 de septiembre de 1992 en la prisión de Manacas, Las Villas.

12.- Orlando Zapata Tamayo, 42 años, murió el 23 de febrero de 2010, el día 82 de su huelga.

13.- Wilmer Villar Mendoza 50 días en huelga de hambre en la cárcel de Aguadores,

[76] Fariñas ha realizado numerosas huelgas de hambre. Fue distinguido con el Sajarov y la Medalla Tuman-Reagan en el 2015.

[77] Organización defensora de los periodistas radicada en París, Francia.

La campaña internacional a favor de Fariñas fue intensa. España le ofreció asilo y el gobierno cubano lo ingresó en un hospital al empeorar su salud para evitar su muerte y hasta el periódico oficial del partido hizo pública una nota en la que negaba cualquier responsabilidad con lo que pudiera ocurrirle al huelguista.

Paralelamente, las Damas de Blanco aumentaban sus protestas. Los actos y marchas con un gladiolo se convirtieron en símbolo. Los golpes y malos tratos no las hacían ceder ni un ápice en reclamo de sus derechos y de los de sus familiares encarcelados.

Mientras esto ocurría, la jerarquía de la Iglesia Católica de Cuba negociaba con las autoridades una solución a la situación de los presos políticos.

Con anterioridad, las Damas de Blanco habían hecho conocer a la jerarquía católica los abusos del gobierno, una realidad que los Obispos conocían, pero que aparentemente no habían estado dispuestos a tratar con el régimen hasta ese momento.

Las negociaciones fructificaron y el gobierno anunció que excarcelaría en los próximos meses a 52 presos de conciencia del Grupo de los 75.

Paulatinamente los prisioneros fueron liberados. Un número notable de presos de los 75 y de otras causas políticas. Muchos de los excarcelados salieron al exterior. Un pequeño grupo de ex prisioneros decidió permanecer en la Isla.

En el 2011 la causa democrática cubana sufrió una sensible baja. La líder de las Damas de Blanco, Laura Poyán, murió como consecuencia de un paro cardiopulmonar según las autoridades. Sectores de la oposición siempre han puesto en duda la versión oficial y agregan que la enferma estuvo muy mal asistida médicamente, otros no descartan una muerte clínica asistida.

La salida de los presos dio un nuevo impulso al proceso a favor de la democracia. Aumentaron los grupos contestaros en toda la Isla, pero en particular en la región oriental y central.

Se constituyeron organizaciones como la que preside Jorge Luis García Pérez, "Antunez", la Unión Patriótica de Cuba, UNPACU, que lidera José Daniel Ferrer García y el Foro Antitotalitario Unido, FANTU, que dirige Guillermo Fariñas, entre otras.

Estas y otras agrupaciones han ido vinculando la actividad política a la acción social.

Se preocupan por los problemas de los ciudadanos e intentan darle solución, a la vez que hacen conocer que la situación que vive el individuo, y en consecuencia la sociedad, es exclusiva responsabilidad del sistema que impera en el país.

Octava Etapa.

Este período se inicia en el año 2013

En los años precedentes, el proceso de sucesión se afianzó y se pudo apreciar que la nomenclatura se estaba preparando para una transición inevitable, no solo porque el liderazgo histórico del proceso estaba llegando a su final biológico, sino porque el modelo establecido en el país daba muestras claras de agotamiento, al extremo que muchos de los personajes que lo han sostenido en la actualidad lo consideran inviable.

Existe la convicción en esferas del régimen cubano de que ajustes y cambios son inevitables, que, tipos de medidas y hasta dónde estas deben proceder es el objeto de discusión. La pista la ofreció el propio Raúl Castro cuando declaró que este sería su último período de gobierno.

Es evidente que el gobierno se encamina a propuestas económicas que no se corresponden con el pensamiento político de sus líderes.

El crítico balance de la realidad cubana quizás determine que la clase dirigente mezcle el modelo castrista y el SSXXI, porque evidentemente se retroalimentan.

Muchos de los aspectos de SSXXI, como se señaló con anterioridad, encajan perfectamente con los intereses del régimen isleño, por lo que es lógico que la dictadura insular implemente algunos de ellos en particular, después que el núcleo fundador del totalitarismo desaparezca.

El régimen ha instrumentado una represión de baja intensidad que se caracteriza por breves arrestos, golpizas, constante acoso, permanente intimidación, vejaciones, en particular a las mujeres, y restricciones a la libertad de movimiento.

Ninguno de estos recursos es nuevo en el arsenal represivo, salvo que en la actualidad su práctica es sistemática.

Sin embargo, la muerte de Osvaldo Payá y de Harold Cepero reafirma que en Cuba cualquier cosa puede ocurrir. El suceso en el que perdieron la vida los dos opositores ha sido denunciado por Ángel Carromero[78], dirigente de las juventudes del Partido Popular, como un atentado de las autoridades castristas contra los activistas.

Otra providencia ha sido la política migratoria que inauguró en el año 2013, el gobierno de La Habana.

Esta política no reconoce el derecho a entrar y salir del país a los cubanos, sino que lo otorga como un privilegio, ya que las autoridades tienen la facultad de revocarlo si consideran que el viajero desarrolla un activismo político contrario a sus intereses.

---

[78] Carromero conducía el vehículo donde se produjó el mortal percance. Carromero afirma "Decir que se trató de un accidente e inculparme fue una coartada perfecta para ocultar la muerte del único opositor que podía liderar la transición democrática en Cuba. Yo solo soy una víctima más del caso Payá", en una declaración posterior dijo, "lo que sucedió el 22 de julio no fue un accidente, fue un atentado".

El gobierno, con esta nueva legislación, monta un entramado complejo que demanda de la oposición de las dos orillas mucha cautela, por la simple razón que la dictadura convierte en privilegio lo que en cualquier país del mundo es un derecho inalienable.

La dictadura siempre ha procurado aislar de la población a los opositores, pero en esta ocasión refuerza los viejos métodos, porque la generalidad de la población que ha visto con poco menos que indiferencia los abusos contra los opositores, se resentirá contra el vecino que por su activismo ciudadano es reconocido fuera del país, viaja al extranjero y cuenta con la posibilidad de regresar con bienes que ellos no poseen.

Por otra parte, en el propio entablado de la oposición han surgido celos y contradicciones. La condición humana puede manifestarse de muchas maneras y no se puede descartar que algunas personas con su conducta afecten negativamente el desarrollo del movimiento opositor.

Estos son algunos de los retos que enfrentan los opositores cuando regresan a Cuba, por eso es recomendable la modestia y sobriedad en sus conductas.

Viajar, conocer otros parajes, otras personas y realidades, es muy importante en la vida y mucho más para un político.

La mayoría de los opositores cubanos han estado obligados a vivir entre paréntesis, por lo que es muy importante que cuando viajen al exterior, más aun si deciden regresar a la Isla para continuar con las obligaciones que asumieron por sus convicciones, no pierdan oportunidades, y como esponjas, recojan conocimientos y experiencias para que las usen y trasmitan.

Hay que destacar que los exiliados -no todos los cubanos que viven fuera lo son- y los extranjeros amigos de la causa democrática de Cuba, tienen un mejor conocimiento de lo que ocurre en la Isla, gracias al contacto directo con los viajantes.

Los que salen de Cuba son los más indicados para denunciar los abusos y violaciones de los derechos humanos del régimen. Han sido testigos y víctimas de esas vejaciones, en consecuencia, sus testimonios son de extrema importancia.

Sin duda alguna, el mejor testigo es quien ha presenciado un crimen y ellos tienen ese doloroso privilegio. También tienen el honroso deber de decirles en la cara a quienes incompresiblemente siguen negando la naturaleza de la dictadura cubana, la verdad.

En definitiva, es un momento de grandes interrogantes sobre el futuro. Los retos son muchos. Hay que actuar, pero también reflexionar y considerar cada decisión como si fuera definitiva.

La dictadura enfrenta una profunda crisis. El régimen ha perdido su sostén teórico. El sistema es inviable, pero conservan el poder y no están dispuesto a compartirlo y menos a cederlo.

En consecuencia, hay que incrementar las acciones, y la difusión de las ideas. Utilizar los medios de información en todas sus capacidades.

Las redes de comunicación, a las que se tengan acceso, deben ser explotadas al máximo, la difusión de la realidad debe abarrotar las redes sociales.

El trabajo social debe intensificarse. Hay que concientizar al pueblo que tiene derecho a una vida mejor en el aspecto económico, pero también derechos políticos de los que no ha disfrutado por décadas.

Los antagonistas de la dictadura, por las limitaciones que impone la represión, no han podido vertebrarse como una oposición que pueda significar para quienes no simpatizan con el régimen, una alternativa de cambio.

Para convertirse en oposición viable, una de las tareas fundamentales es difundir las nuevas propuestas entre los sectores descontentos. Propuestas concretas sobre aspectos que afectan a la ciudadanía y que el gobierno no resuelve.

Otra función es interpretar las necesidades de la población hasta transformarlas en reivindicaciones sociales que mutaran a políticas por las acciones represivas del gobierno.

El opositor tiene que sembrar la esperanza en la población de que los cambios son posibles. Insuflarles a las personas confianza en el futuro, convencer al individuo de que serán los protagonistas del porvenir y que deben actuar en consecuencia.

Las reivindicaciones de carácter social deben promoverse. Constituir más sindicatos y colegios profesionales, al igual que incentivar la creación de todo tipo de entidades independientes, fortalece a la sociedad en su conjunto e incrementa la confianza del individuo ante las autoridades.

Los grupos de carácter étnico deben ser cuidadosos en su mensaje. Su principal esfuerzo debería estar orientado a la integración social y no a la segregación, ni a generar nuevas formas de discriminación. El país puede tener todas las facciones que sus características dispongan, pero cada fragmento debería estar dispuesto a sumarse al todo y no permitir que la nación resulte afectada.

Hay que trabajar firmemente en el fortalecimiento de los partidos y organizaciones políticas ya establecidos, y respetar la fundación de otros, si esto ocurriera.

Los líderes pueden ser muchos, estarán presentes en diferentes sectores de la sociedad y la política. A cada uno habrá que respetarle el espacio que hayan ganado. La decantación, el fin de los falsos profetas viene por sí solo, si la sociedad emergente actúa consciente y libremente.

Se impone estar alerta. El régimen no descansa. Cuenta con recursos y conocimientos. Intentará dividir a las partes que le enfrentan y si en algún momento lo estima conveniente, promoverá organizaciones y liderazgos para que provoquen escisiones y enfrentamientos, pero también para que simulen estar en su contra.

El gobierno cuenta con un amplio arsenal de recursos para provocar a los que se les enfrentan. Tampoco hay que pasar por alto que los intereses de la clase dirigente coinciden con los de corporaciones que tienen grandes inversiones en la Isla y que muchos gobiernos, por diferentes motivos, colaboran con la dictadura, una asistencia que puede incrementarse si conviene a los intereses de las partes.

La situación dentro del núcleo del poder en Cuba es un elemento que distingue esta etapa, pero hay otro factor determinante que debe ejercer influencia entre quienes gobiernan en la isla y entre los opositores al régimen, sin importar el lugar donde estos operen, y es la decisión del presidente de Estados Unidos, Barack Obama y del dictador Raúl Castro, de restablecer relaciones diplomáticas entre ambos países e incrementar los vínculos económicos, culturales y de otros géneros.

Desde hace cierto tiempo, analistas de asuntos cubanos comentaban que algo se estaba gestando entre Washington y La Habana, pero no entraba en la consideración de la mayoría de estos denominados "cubanólogos" que la Casa Blanca tomaría decisiones importantes como el restablecimiento de las relaciones, y eliminar a Cuba de la Lista de Países Terroristas[79], sin demandar

---

[79] Lista confeccionada por el Departamento de Estado de Estados Unidos que recoge países que considera apoyan a organizaciones terroristas o promueven actos terroristas. El gobierno de Cuba fue incluido en 1982 y sacado de la relación en el 2015. Estados Unidos confecciona también una lista negra de los peores centros de tráfico humano del mundo y Cuba se encuentra desde hace 12 años en el Nivel 3, por

del régimen castrista cambios fundamentales en los derechos humanos, incluidos la libertad de prensa y el pluralismo político[80].

Es interesante señalar que el presidente Obama dijo que no esperaba que Raúl Castro cambiara su forma de gobierno, aparentemente dejando los eventuales cambios a la dinámica interna del régimen de la isla y en particular a las nuevas generaciones que accedan al poder.

Esta nueva política conduce a la conclusión que la estrategia de contención que por años determinó la posición de Estados Unidos hacia el régimen de los Castro fue abandonada y se asumió como nueva diplomacia la de la apertura sin condicionamientos de ninguna clase.

Una vez más el castrismo ha quedado en la contradictoria posición de víctima de Estados Unidos, pero también como victorioso en el diferendo que ha sostenido con Washington desde el triunfo de la Revolución.

Como víctima, porque hay quienes han declarado que cayó el Muro de Cuba, como si la isla hubiera estado encerrada y no fuera la dictadura quien ha enclaustrado al pueblo. Como vencedora, porque Raúl Castro aseveró enfáticamente que no habría cambios de ninguna clase y que el régimen tenía sus propias concepciones sobre la democracia y los derechos humanos.

Las relaciones entre La Habana y la Casa Blanca entran en una dinámica nueva de la que pueden derivarse muchas alternativas

---

acusaciones de tráfico sexual y por lo que Washington señala como "Trabajo forzado en las misiones del gobierno cubano en el extranjero". La revisión de la lista elevaría a Cuba a la llamada "Lista de vigilancia de Nivel 2".

[80] En Estados Unidos siempre han operado con absoluta libertad organizaciones no gubernamentales y personalidades que han favorecido las relaciones con el gobierno de Cuba y el levantamiento del embargo, sin que se demande de La Habana cambios políticos ni el respeto a los derechos de los ciudadanos.

pero ningún milagro, como sería el hecho de que la dictadura cese por propia voluntad el control que ejerce sobre sus ciudadanos.

Ante la decisión de los gobiernos de Cuba y Estados Unidos, ningún ciudadano cubano puede ser indiferente. No importa la ideología de cada quien ni la orilla en que se encuentre, porque esta disposición aporta al proceso una variante nueva que genera expectativas que no entraban en las consideraciones de los opositores al régimen, pero tampoco en la población, incluido los que respaldan a la dictadura.

Pero es evidente que la oposición, tanto dentro como fuera de Cuba, debe alistarse para nuevos retos. Las disposiciones del presidente Obama han abierto la clásica caja de Pandora.

CAPÍTULO VII

El Exilio

El exilio cubano ha cumplido un rol muy importante en la lucha contra el castrismo, a veces con características propias y propuestas independientes, a las que la oposición de intramuros hubiera podido promover.

El numero de exiliados, entiéndase los que luchan por sus convicciones, no la masa de emigrantes que abandonaron con todo el derecho su país para procurarse una vida mejor, no tiene precedentes. Tampoco el número de años que la llama de la resistencia ha estado encendida lejos de la costa de Cuba.

Por otra parte, el exilio por muchos años fue la primera trinchera de la lucha.

El exilio ha tenido un rol importante en el proceso de lucha a favor de la democracia en Cuba, único en la historia, tanto por los años de resistencia, como por el número de personas que han participado y participan y porque a pesar de los años transcurridos, 56, continúa bregando contra la causa que lo originó.

Exiliarse nunca fue el objetivo de los que enfrentaron la dictadura, sino una consecuencia que muchos convirtieron en otras opciones para continuar el proceso de confrontación.

Entre el exiliado y el inmigrante hay diferencias de causas. El que se exilia fue un perseguido por sus ideas o actos de carácter político.

El exilio es crisis de conciencia, no con la nación sino con el gobierno que la conduce. El exilio, voluntario o por destierro, es distancia, lejanía de la patria pero no del culto. Se magnifica la raíz. Se encanta uno en la magia de los recuerdos y las experiencias vividas.

No es la nostalgia dulce y quieta que es olvidada con una nueva experiencia, es la voluntad de hacer realidad el compromiso de luchar por el retorno, trabajar por tener el derecho a caminar las calles de la infancia, visitar la escuela de las primeras letras, sin tener que pedir permiso y sin temor a ser arrestado por decir algo que políticamente no es correcto.

Pero el exilio también puede significar ruptura. Hay quien olvida y llega a rechazar la idea de un regreso, lo que significa que la causa que originó la partida ha desaparecido y que la frustración y el desencanto se adueñaron del sujeto.

Exiliarse es una decisión política. Una resolución que se toma porque el espacio de la persona en la sociedad es anulado por la acción gubernamental.

La condición de exiliado exige pensamiento y acción en contra del gobierno que destierra, que reprime. El exiliado es un militante de la causa que lo lleva a la expatriación, no es un individuo indiferente a lo que acontece en su país y en consecuencia asume riesgos para producir un cambio.

En principio el exiliado es un perseguido, un opositor, un individuo que puede ser encarcelado por el gobierno que rechaza.

Al exilio se va para evitar la cárcel o la muerte, no para resolver problemas económicos o encontrar refugio por una condición de inestabilidad en el país de origen, esas son condiciones que pueden lograrse, pero no es el objetivo, el propósito es luchar contra el gobierno que logró extrañarlo de la tierra en qué nació.

La cantidad de exiliados cubanos, excluidos los emigrantes que desde 1959 han salido al exterior para mejorar sus condiciones de vida sin compromiso de colaborar en la lucha contra la dictadura, siempre ha resultado numerosa en comparación con exilios de otros países.

Más aun la longevidad de ese exilio, disminuido en número por factores biológicos y también por el agotamiento que han padecido muchos de sus integrantes, tampoco tiene paralelo.

Por décadas el exilio fue el santuario de la oposición cubana. Nutrió las filas de oposición porque decenas de exiliados ingresaron clandestinamente en la Isla para enfrentar la dictadura.

Los exiliados han prestado siempre asistencia material a los que luchan en Cuba. Primero, con armas y explosivos, después con los materiales necesarios para la gestión no violenta que los opositores continúan desarrollando en la isla.

REFLEXIONES SOBRE LA OPOSICIÓN POLÍTICA CUBANA DEL EXILIO

Es evidente que una oposición, no importa el género, depende en cierta medida de la gestión del grupo o gobierno que le adversa, por lo que la oposición siempre sufrirá la influencia del adversario debiendo tener extremo cuidado de no proceder de manera que favorezca a su contrario.

Lamentablemente, la oposición política cubana en el exterior ha tenido en numerosas ocasiones la tendencia de actuar como reflejo de los dictados del gobierno de la Isla y no ha sido capaz de establecer, salvo en contadas ocasiones, estrategias propias que respondan no solo a sus intereses fundamentales, sino también a los coyunturales.

Un aspecto a destacar es el de las alianzas. En todos estos años se ha podido apreciar que el gobierno de la Isla se ha asociado, y no precisamente por convicción, con las causas más populares y de mayor crédito en la escena mundial.

Esas alianzas de La Habana determinaron en cierta manera la conducta de la oposición que haciéndose eco del viejo refrán, "Los amigos de mis enemigos son también mis enemigos", se vincularon o defendieron, sin recibir las más de las veces ningún tipo de apoyo por parte de estos, a gobiernos dictatoriales que eran objetos de la subversión castrista, mancillando en cierta medida las propuestas de cambio que patrocinaban para Cuba.

Esas alianzas viscerales eran altamente impopulares porque esos gobiernos no disfrutaban del apoyo de sus respectivos pueblos y si enfrentaban el castrismo en los foros internacionales, era, casi siempre, porque estaban siendo agredidos o por petición del gobierno de Estados Unidos, no por un sentimiento de solidaridad democrática con el pueblo cubano.

El régimen castrista supo marcar una clara distancia de las dictaduras militares que ensombrecían el continente y nunca cesó de promover el derrocamiento de todas y cada una de ellas, incluida la Junta Militar Argentina[81], que en más de un foro internacional fue aliada del castrismo.

Sin embargo, su rivalidad con las dictaduras de Augusto Pinochet en Chile o de los Somoza en Nicaragua, por solo mencionar dos de las más notables en la historia reciente del hemisferio, fue muy grande.

Coincidentemente, el gobierno insular, entre otros proyectos, asumió como suya las luchas de los palestinos, los procesos anticolonialistas de África y muy decididamente se solidarizó contra la política de Apartheid de Sudáfrica, que concitó un generalizado apoyo en todo el mundo.

---

[81] En el año 1977, Cuba pidió al gobierno de facto de la Argentina, presidido por Jorge Rafael Videla, apoyo en la ONU para poder ingresar al Consejo Ejecutivo de la Organización Mundial de la Salud (OMS). La dictadura militar autorizó la operación y solicitó en contrapartida el voto de La Habana para la reelección de Argentina en el Consejo Económico y Social de la ONU (ECOSOC). Todo este intercambio quedó registrado en cables secretos. Claudia Peiró. Infobae.

La reacción del sector más significativo de la oposición cubana en el exterior fue rechazar lo que el régimen de la Isla defendía. No se pensó en la justicia de la causa, ni en el valor moral de los insurgentes, y menos aún en quitarle a La Habana su nuevo aliado.

Es una realidad que ciertos sectores del exilio se identificaron con gobiernos extranjeros que eran tan violatorios de la dignidad humana como el cubano. Una contradicción de principios con los valores que auténticamente defendían, pero que contaminaban con las alianzas que contraían con otras dictaduras.

Sin embargo, ninguna estrategia debe sustentarse en la valoración que hace el enemigo de la misma, sino en lo oportuno de lo que se ejecuta y de cómo se relaciona con los fundamentos de la causa que se defiende.

Por otra parte, y puede ser un reflejo de posibles confusiones de identidad política, más de una de las vertientes, califiquémoslas como tácticas de ciertos sectores de la oposición cubana en el exterior, tienden a actuar tomando en cuenta el parecer y los criterios que el régimen cubano tiene de sus propuestas y actuaciones.

Hay sectores contrarios al régimen que aparentan estar pendientes de la adjetivación negativa que hacen las autoridades castristas de sus enemigos, para aproximarse o distanciarse de sus adversarios, como si La Habana fuera la que confiere legitimidad a las facciones de la oposición.

La legitimidad no se obtiene haciendo concesiones o flexibilizando los valores que se defienden, y menos aun asumiendo una conducta que en la práctica o en el discurso, no son sinceras ni viables.

La oposición, aunque por su origen es consecuencia de lo que rivaliza, nunca debe convertirse en instrumento, o elemento susceptible de la influencia que pueda ejercer el poder.

La oposición, al igual que tiene una propia estructura, debe tener proyectos y estrategias que respondan solo a sus intereses y no conducir sus labores por los cauces que establece el enemigo, o aliados circunstanciales, como gobiernos extranjeros, que tienen sus propias agendas.

La credibilidad en una fuerza política opositora precede a la legitimidad, y la mejor fórmula para una oposición que quiere ganar espacios políticos estriba en la firmeza con que defiende sus propuestas, mientras evita caer en el travestismo ideológico o político, una condición que debe ser firmemente rechazada.

El gobierno de La Habana se apropió de un discurso que se caracterizó por la defensa de los desposeídos, y la reivindicación de las naciones menos favorecidas en términos políticos, económicos y sociales, a la vez que arropaba con un nacionalismo extremista su creciente dependencia y asociación con la extinta Unión Soviética.

Esas alianzas del castrismo fueron bien recibidas por la mayoría de las naciones del mundo. La Habana hacia real y efectiva su solidaridad con los movimientos anticolonialistas o antirracistas, a los que amparaba, protegía y estimulaba, con los recursos que facilita el poder y a expensas del pueblo cubano.

Es fundamental que la oposición sepa definir cuando un acontecimiento o conducta en particular se corresponde a una situación coyuntural, o es parte del proceso general en que se encuentra envuelta.

Un error de apreciación puede afectar seriamente tanto la capacidad estratégica como su influencia en los acontecimientos, y eso es extremadamente perjudicial para cualquier gestión política.

Algunas facciones de la oposición en el exterior se han confundido de objetivo en más de una ocasión al reaccionar visceralmente a acciones, tesis, o propuesta del gobierno cubano sin evaluar racionalmente las consecuencias de sus actos. Esas reacciones han estado en muchas ocasiones seriamente marcadas por la pasión que obnubila la razón.

Esos errores de la oposición no solo han sido negativos en términos tácticos, sino que también han restado valor a los principios sobre los cuales se sustenta el proyecto en general, lo que ha facilitado en cierta medida el agotamiento de tácticas, y en ocasiones de individuos que pudieron haber sido elementos importantes en la gestación y desarrollo del cambio de sistema.

Es conveniente resaltar que la solidaridad, el apoyo a los necesitados, tanto dentro de la Isla como fuera de ella, ha sido en ocasiones un lastre para el proyecto básico de muchos grupos políticos que tienen como objetivo derrocar la dictadura.

El trabajo social del exilio debe ser cumplido exclusivamente por las organizaciones que se crearon al efecto y no por los aparatos políticos que deben tener como propósito fundamental derrotar al régimen de La Habana.

Es posible que todas las organizaciones que se han constituido en el destierro hubieran sido más efectivas si solo se hubiesen dedicado a su propósito original, y no involucrarse en proyectos para los que su estructura, recursos y militancia no estaban debidamente preparados.

Recursos humanos y medios materiales que pudieron ser dedicados a la lucha directa se desviaron a manifestaciones de solidaridad social, que aunque expresan sin dudas el alto nivel moral de la oposición, redujeron la capacidad de esta para afectar al enemigo, que era quien provocaba las situaciones que demandaban el apoyo.

Por último, y deben surgir sin duda muchas nuevas consideraciones, las estrategias y tácticas de la oposición en el exterior han adolecido en más de una ocasión de falta de enfoque.

No es prudente aplicar tácticas y estrategias por el solo hecho de que en otros escenarios tuvieron resultados positivos y menos aun imponer esas normas, en espacios físicos donde concurren factores ajenos que no están envueltos en el conflicto.

Las estrategias tienen que conjugar con sus intérpretes, el escenario, los medios y las circunstancias, y no imponer dogmáticamente fórmulas que pudieran favorecer a otros actores, en otros escenarios.

Si importar ideologías es un fracaso, no lo es menos intentar trasplantar a otros escenarios normas y propuestas que pueden no coincidir con la formación intelectual y moral de aquellos que deben instrumentarla.

Las formulas políticas a implementar requieren ser adecuadas en tiempo, espacio y naturaleza de los que la desarrollan, pero también tomando en consideración la naturaleza del régimen que se combate, y no implementarlas cuando los antecedentes, circunstancias o características de un proceso determinado, no son semejantes.

En última instancia, para que una propuesta sea viable tiene que existir una estrecha conjunción entre la tesis, el individuo. que es quien la racionaliza, y ejecuta, y las circunstancias.

EXITOS Y FRACASOS DEL EXILIO CUBANO
DE SUS ESTRATEGIAS

La dedicación y sacrificio de la que ha hecho gala el exilio por cinco largas décadas no se corresponde con los éxitos políticos logrados.

El patriotismo y dedicación de un número considerable de personas en circunstancias hostiles y difíciles, quizá algún día sea debidamente valorado por quienes decidan estudiar la oposición política al castrismo fuera de Cuba.

Como se ha apuntado con anterioridad, es difícil encontrar en la historia contemporánea un núcleo tan numeroso de individuos que por décadas haya sido capaz de luchar con tanto denuedo por sus ideales.

Fueron personas que asumieron sus compromisos con su país con la misma devoción que un feligrés defiende su fe.

Pero, y es un deber comentarlo, mientras luchaban por sus convicciones muchos fueron capaces, con sus propios esfuerzos, de labrarse un espacio en la sociedad que escogieron o a las que las circunstancias les condujeron.

Fueron hombres y mujeres que actuaron por amor a su patria. No eran perfectos. Cometieron errores, se equivocaron en evaluar circunstancia y también posiblemente en elegir aliados, pero estaban prestos a sacrificarse.

Sin embargo, a pesar de esas voluntades, el éxito no ha coronado los esfuerzos y es porque junto a las habilidades del enemigo, se ha contado con aliados indecisos, coyunturas internacionales adversas y entre los demócratas cubanos ha faltado creatividad e inventiva política, condiciones que han lastrado negativamente los gigantescos esfuerzos del exilio.

A ese coctel tan especial, que ni los políticos cubanos más notables estaban preparados para enfrentar, hay que agregar las condiciones internacionales en que se desarrollaron los acontecimientos, la ductilidad y tenacidad del grupo conductor de la dictadura para conservar el poder y el asentamiento del mayor grupo de exiliados en una sociedad democrática, próspera y poseedora de una inmensa capacidad para absorber y reconducir voluntades foráneas.

El exilio cubano no se debe mirar como un todo. Hay que admitir en principio las diferencias de los compromisos históricos de quienes lo integran.

Los períodos de incorporación al destierro y, por supuesto, los orígenes económicos, políticos y sociales del individuo, son factores fundamentales.

El destierro, para una mejor comprensión, debe ser estudiado por etapas y aunque cada una de ellas tiene elementos diferenciadores, se evidencia la continuidad.

Pudiéramos calificar como **PRIMERA ETAPA** el período que se extiende de 1959 a 1980.

Este ciclo abiertamente confrontativo, se caracterizó por un liderazgo que creía en la violencia como elemento de redención.

La lucha armada era la estrategia básica y se consideraba que era posible que a través de las incursiones bélicas junto al apoyo interno, se produjera el cambio de gobierno en Cuba.

Es importante considerar que la mayoría de los individuos que llegaron a tener posiciones de liderazgo en el exilio habían jugado un rol en la vida política nacional antes y después del triunfo revolucionario, y que muchos fueron parte de la generación que precedió a la que asumió el poder el primero de enero de 1959.

Varias de estas figuras públicas integraron el primer gobierno revolucionario. Su fe en el nuevo régimen fue funesta para la república, pero rectificaron.

Fundaron y dirigieron algunas de las primeras organizaciones contra el nuevo régimen, pero en muy poco tiempo varios de ellos, sin explicación alguna, partieron para el exilio sin que muchos de los que le relevaron al frente de las organizaciones en la Isla estuvieran debidamente preparados.

En el exterior continuaron la lucha por la democracia con la que habían estado comprometidos toda la vida pero repitiendo estrategias que, según se demostró por los resultados obtenidos, no eran efectivas contra un régimen totalitario.

A esta realidad se debe agregar que varios de esos dirigentes establecieron con el gobierno de Estados Unidos una relación dependiente, que si bien ha sido socialmente un país particularmente generoso con los cubanos, siempre ha actuado, como es razonable, en base a sus intereses.

Como parte de la estrecha relación entre la oposición cubana y el gobierno de Estados Unidos y la enemistad existente entre Washington y La Habana, el congreso estadounidense aprobó en 1966 "The Cuban Adjustment Act"[82], conocida como la Ley de Ajuste Cubano, que permitía al Fiscal General, "a su discreción y conforme a las regulaciones que él pudiera prescribir", ajustar el estatus inmigratorio que tenían los refugiados cubanos que se encontraban en los Estados Unidos.

En este período la influencia del gobierno de Estados Unidos y sus agencias en los grupos insurreccionales radicados en ese país fue más que notable, lo que lastró la capacidad operativa de estas agrupaciones, como consecuencia de la dependencia que limitaba sus capacidades operativas y de toma de decisiones.

Posteriormente surgieron en el exilio otros líderes que idearon otras formas de confrontación al régimen de Cuba.

Por ejemplo se instrumentó la llamada estrategia de la Guerra por los Caminos del Mundo. Se realizaron acciones violentas en Cuba y en el extranjero contra intereses o personeros del régimen de Castro y también contra sus aliados.

---

[82] El 2 de noviembre de 1966 el Congreso de los Estados Unidos aprobó la Ley Pública 89-732. Según la ley, toda persona nacida en Cuba, su cónyuge o hijos menores de 21 años, son elegibles para obtener la residencia permanente en Estados Unidos después de permanecer físicamente en el país por un año. Nota del Autor. Posteriormente la Ley de Ajuste Cubano ha generado grandes polémicas porque hay quienes rechazan que a la misma se puedan acoger personas que no son verdaderamente refugiados ni perseguidos políticos porque no son reprimidos por las autoridades cubanas cuando hace uso de su derecho de viajar a su país de origen.

La violencia hizo acto de presencia entre los exiliados y la emigración. Se produjeron serios enfrentamientos entre distintas tendencias y contra elementos que defendían una aproximación con el régimen de La Habana. Hubo crímenes y atentados. El castrismo había sembrado la división y había fructificado.

Es prudente destacar que a finales de esta etapa surgieron los primeros acercamientos importantes de régimen cubano con individuos y entidades que favorecían un diálogo, que el gobierno de La Habana nunca propuso.

Esto coincidió con la llegada al exilio de numerosos presos políticos, quienes aportaron sus experiencias y la voluntad de seguir la lucha.

A partir de 1980 y hasta 1994, se inició una <u>SEGUNDA ETAPA.</u>

En esta fase el liderazgo estaba compartido por primera vez entre personalidades que habían sido figuras importantes en la lucha contra Batista, en su mayoría partidarios de continuar con la estrategia de la lucha armada, e individuos un poco más jóvenes que proponían una teoría nunca antes aplicada en este proceso, pero de la que había antecedentes porque había sido usada en la Guerra de Independencia.

La estrategia básicamente estaba orientada a ejercer influencia en la clase política de Estados Unidos con el propósito de que ese país siguiera presionando al régimen cubano para que iniciara un proceso democrático en la Isla.

Parte de este esfuerzo tuvo resultados muy importantes, entre ellos la creación de Radio y Televisión Martí, un proyecto promovido por la Fundación Nacional Cubano Americana.

El objetivo de estos medios es romper la censura de la dictadura, trasmitiendo información prohibida en la isla.

Como consecuencia del desarrollo posterior de los grupos disidentes y de oposición al régimen en la isla, Radio y Televisión Martí se transformó en un efectivo instrumento de divulgación de las propuestas y actividades del movimiento contestario interno.

Este período, no tan rico en gestas heroicas como el que le precedió, cosechó éxitos, ya que por primera vez legisladores estadounidenses aprobaron leyes inspiradas en los requerimientos de la comunidad cubano americana.

Se puede considerar que esta etapa se caracterizó por procurar remover el castrismo sin tener que recurrir a la violencia.

En este ciclo, al igual que en el anterior, se encuentran elementos que intentan desde diversas posiciones una solución negociada de las diferencias entre Washington y La Habana.

Estos individuos, cuya influencia se había incrementado paulatinamente, compartían la opinión del gobierno cubano de que si se llegaba a un acuerdo con Estados Unidos, la oposición interna y el exilio perderían toda relevancia.

Es conveniente destacar también que tanto el fin de lo que llamamos Primera Etapa como el de la Segunda, se caracterizó por éxodos masivos de cubanos.

El Éxodo de El Mariel fue determinante en la conformación del exilio en los ochenta, al igual que la llamada Crisis de los Balseros en los noventas, ya que ambos éxodos generaron cambios importantes en la comunidad cubana radicada en el exterior, entre ellos, el crecimiento de la emigración y la disminución de los exiliados.

Por primera vez de manera pública se apreciaba en el exterior un número creciente de cubanos que se consideraban emigrantes. Su propósito fundamental no era procurar un cambio político en Cuba, sino regresar a la isla lo más pronto que les fuera posible, no para quedarse a vivir en ella, sino para disfrutar y compartir con sus familiares las riquezas adquiridas en el exterior.

La llegada masiva de estas personas fortaleció la vertiente de los cubanos que están a favor de cambios en el gobierno de Estados Unidos hacia Cuba, sin que el gobierno de la Isla hiciera concesiones, lo que derivó en la vigorización de una corriente de políticos en Washington que, contrario a la que mantenía contactos con los exiliados, era partidaria de que Estados Unidos estableciera relaciones con los Castro y eliminara todas las sanciones a su gobierno.

La llamada vía de la negociación aumentó su perfil político e influencia, en detrimento de otras opciones.

En este ciclo surgen nuevos organismos de solidaridad como Hermanos al Rescate e instituciones contrarias al régimen que fundamentaban su estrategia de lucha en tesis como la no violencia y la desobediencia civil.

Se empezó a cuestionar por diferentes sectores de exiliados, de forma sistemática la legitimidad de las teorías que favorecían la confrontación violenta.

Paralelo a esto aumentó la actividad de los críticos del exilio y de los defensores del gobierno cubano.

Los activistas que abogaban por propuestas de confrontación con el castrismo fueron aislados de los círculos internacionales democráticos, pero también de las agencias del gobierno de Estados Unidos.

A partir de 1994, se puede considerar que se inicia la **TERCERA ETAPA,** que concluye en el 2013.

Un período muy difícil de encasillar pero que no lo caracterizó el heroísmo ni la audacia, sino un laborar lento, pero concientizante, que sirve también para preparar a los ciudadanos para el esperado post-castrismo.

En este periodo se fortalecen las tesis de la No Violencia y la Desobediencia Civil.

La denuncia de la situación cubana como medio de concientización para lograr el aislamiento crítico del régimen alcanzó niveles elevados, la estrategia no era nueva, había sido impulsada por agencias del gobierno de Estados Unidos en la década del sesenta y apoyada por un número importante de cubanos, pero evidentemente en este período estaba siendo mucho más exitosa.

La mayoría de los aliados extranjeros de la causa democrática cubana, gobiernos u organizaciones de la sociedad civil, estaban a favor de una transición política en la Isla y no avalaban una ruptura como fue la actitud de la mayoría de los países y agrupaciones que respaldaron a los sectores que enfrentaron a las dictaduras militares latinoamericanas.

Apoyan los cambios dentro del régimen, apuntan al modelo de transición que tuvo lugar en España sin entrar a considerar si las condiciones en Cuba, régimen, oposición y pueblo, están enmarcadas en las posibilidades para un cambio de esas características.

La idea de la transición viene siendo impulsada por la Unión Europea, España en particular, desde finales de la década de los noventa.

En el marco de la Unión Europea los gobiernos más firmes contra la dictadura cubana son los países que se liberaron de la influencia soviética.

El gobierno de Estados Unidos, aunque continuaba confrontando a la dictadura insular, también se identificaba con la propuesta que favorecía la transición en detrimento de la ruptura.

Por otra parte, en este lapso hay una coincidencia con los primeros diez años de los que se calificó como Primera Etapa, y es que de nuevo empieza a jugar un papel fundamental en la estrategia de la lucha, la oposición política dentro de la Isla.

Este período también se caracteriza por la desaparición física, o disminución de la actividad política por mandato biológico, de los más conocidos líderes del exilio. Personalidades que habían dejado su impronta en el destierro y en Cuba.

Algunos de estos individuos podrían presentar un récord en los que se puede apreciar el valor mezclado con la ofuscación, el talento ligado al oportunismo, y el idealismo junto al sectarismo, pero todos tenían en su aval experiencia, dedicación y patriotismo, lo que convierte hasta el menos notable de aquella generación de líderes, por su sacrificio y dedicación, en individuos a honrar sin beatificar.

Esta tercera etapa esta signada por el fortalecimiento de las agrupaciones que eran partidarias de llegar a una avenencia con el régimen insular. No buscan cambios políticos, están a favor de actividades económicas en las que ellos y sus asociados puedan participar. El lucro es un factor esencial para estas personas.

Otro factor que se destaca en este período, aunque ha estado presente desde los primeros años de destierro, es la notable influencia de algunos comunicadores de la radio en determinar las estrategias a cumplir por el exilio, lo que repercute en las evaluaciones y disposiciones que algunos grupos que operan fuera de Cuba, asumen en relación a la oposición interna.

Esta influencia cumple una función tan compleja que merece consideraciones apartes.

La radio siempre ha estado asociada a la lucha política en Cuba, pero alcanzó una mayor importancia en el exilio, porque era indudablemente el medio más popular y directo para conocer qué ocurría en Cuba y a los cubanos fuera de la Isla.

Algunas personalidades radiales de esta época han sido objeto de severas críticas, pero se debe reconocer que su capacidad de convocatoria y sus propuestas, hicieron posible conservar un activismo a favor de la democracia en Cuba en el exterior, en momentos en los que se evidenciaba un agotamiento del exilio, más por razones biológicas que ideológicas.

Las relaciones entre los activistas del exterior, integrados básicamente por una generación más nueva, muchos de ellos nacidos o formados en el extranjero, fortalecieron todavía más sus vínculos con la oposición interna.

Se trabajó básicamente al ritmo de lo que demandaban los activistas en Cuba, aunque en no pocas ocasiones algunos grupos e individuos asentados en el exterior pretendieron imponer sus criterios a quienes luchaban al interior de la Isla.

Aquí también se repiten los perjuicios de la intromisión de las agencias de Estados Unidos en los asuntos de la resistencia, sin que importe en que orilla está ópera, y es que esas entidades gubernamentales de cooperación tienen sus objetivos y sus propios proyectos y hacen todo lo posible para que quienes reciban sus recursos actúen apegados a sus demandas.

En este período hay otro agravante, y es que diferentes agencias de distintos gobiernos europeos y de partidos políticos internacionales han pretendido ejercer influencias sobre quienes actúan en el interior de Cuba y también sobre el exilio.

En conclusión, la falta de independencia de acción de los cubanos demócratas, es un serio lastre para el futuro, como lo es la participación de cubanos que solo buscan su beneficio personal en un eventual cambio político en la Isla o la de empresas extranjeras que con inversiones en Cuba o en procura de lograrla, tienen como único objetivo sus beneficios.

La Cuarta Etapa 2014. Presenta nuevos horizontes para la oposición cubana sin que importe el lugar donde desarrolle sus actividades, en consecuencia es útil considerar algunos aspectos que pueden ser relevantes en el desarrollo de los acontecimientos futuros.

Parte A. Cuba versus Estados Unidos.

La ruptura de relaciones entre Estados Unidos y Cuba fue una decisión de la Casa Blanca, que puso punto final al deterioro de las relaciones entre los dos países, y que ejerce una influencia directa sobre el gobierno de la isla, pero también sobre la oposición sin que importe el lugar donde opere.

El presidente Dwight Eisenhower, en la nota ejecutiva al efecto, refería: "es mi esperanza y mi convicción que en un futuro no muy lejano será posible que la amistad histórica entre nosotros encuentre una vez más su reflejo en relaciones normales, de todo tipo". La parte final del documento apuntaba, "Mientras tanto, nuestra simpatía está con el pueblo de Cuba, que ahora sufre bajo el yugo de un dictador".

Eisenhower, tampoco el futurólogo más calificado, podía presagiar que Estados Unidos restablecería relaciones diplomáticas con una Cuba que cincuenta y cinco años después muestra la penosa distinción de contar con dos dictadores y no con uno, como sucedía el 3 de enero de 1961.

Este 20 de julio los gobiernos radicados en Washington, y La Habana restablecieron relaciones diplomáticas, una decisión que, como afirman muchos analistas, abre una ruta en la que no faltarán desencuentros y problemas, reto que ambos gobiernos han decidido afrontar.

Aunque la ruptura fue una decisión de Washington una somera investigación permite conocer que el presidente John F.

Kennedy hizo al menos un intento por descongelar las relaciones con Cuba, gestión que no recibió respuesta de La Habana.

El republicano Ronald Reagan dispuso que el embajador Vernon Walter volara a la isla y sostuviera una entrevista con Fidel Castro. Antes, en el primer año de su gobierno, determinó que Alexander Haig, secretario de Estado, se encontrara en México con Carlos Rafael Rodríguez, vicepresidente del régimen de la isla.

Antes que Reagan, y bajo el gobierno de Richard Nixon (se afirma que el mandatario ignoraba la gestión) el secretario de estado Henry Kissinger envió un mensaje a Fidel Castro planteando que consideraba absurda la política de su país hacia la isla.

Los esfuerzos de aproximación de Kissinger a la dictadura cubana se acentuaron bajo la presidencia de Gerald Ford, cuando Washington determinó no oponerse a la decisión de la Organización de Estados Americanos de que los estados miembros, que así lo desearan, estaban en libertad de normalizar sus relaciones con La Habana.

Ford también eliminó el embargo comercial impuesto a Cuba de comerciar con subsidiarias de corporaciones de Estados Unidos.

Kissinger, en su afán de repetir laureles, hizo que dos enviados suyos se reunieran con sendos funcionarios cubanos con el fin de explorar la posibilidad de restablecer relaciones. Los representantes de La Habana fueron categóricos, las relaciones pasaban al menos por un relajamiento del embargo, a los pocos días Cuba enviaba miles de soldados a Angola. La frustración del inefable secretario de Estado fue tan visceral que propuso a Ford aplastar a Castro.

El presidente James Carter fue el mandatario que más se esforzó por establecer relaciones con Cuba a excepción del presidente Barack Obama, sin embargo, sus esfuerzos fueron torpedeados por los Castro porque entre sus requerimientos demandaba un irrestricto respeto a los derechos humanos, compensación por las propiedad confiscadas a ciudadanos de Estados Unidos y el cese de las intervenciones militares de Cuba más allá de sus costas.

Carter, entre otras decisiones, suspendió los vuelos de aviones espías sobre Cuba, firmó un acuerdo pesquero y de límites marítimos, autorizó los viajes de estadounidenses a la isla y estableció contactos diplomáticos directos al acordar ambos gobiernos la apertura de oficinas de intereses en las respectivas capitales. Esfuerzos que inexplicablemente La Habana congeló al incrementar su presencia militar en Angola y enviando un contingente de miles de soldados a Etiopía.

Por último, la dictadura obsequió al mandatario estadounidense el éxodo de El Mariel, lo que afectó dramáticamente la política migratoria de Estados Unidos y la figura presidencial.

Durante su mandato, Bill Clinton firmó un segundo acuerdo migratorio con Cuba, pero La Habana impidió otro tipo de aproximación cuando derribó las avionetas de Hermanos al Rescate, por su parte, el presidente George W. Bush incrementó las sanciones contra el gobierno cubano sin dar muestras de estar interesado en establecer mejores relaciones.

En cambio, el presidente Barack Obama, durante la campaña electoral en el 2007, declaró enfáticamente que la política hacia la isla era fallida y que era preciso cambiarla, promesa que se materializó el pasado 20 de julio.

La realidad es que hasta ahora el gobierno de Cuba había ignorado todos los esfuerzos de Estados Unidos a favor de un acercamiento diplomático, quizás porque en el pasado la voluntad de Washington de descongelar las relaciones pasaba por demandas que los hermanos Castro nunca han estado dispuestos a satisfacer, porque consideran que la Casa Blanca debe otorgarlo todo y el Palacio de la Revolución nada.

La relación diplomática entre Cuba Y Estados Unidos repercutirá fuertemente en el exilio, por lo cual este está obligado a considerar nuevas opciones, las que posiblemente estén más definidas que nunca antes en el pasado.

Uno de los aspectos más importantes en las relaciones Cuba-EEUU ha sido el embargo estadounidense a la isla, cuyo objetivo estratégico era de contención y no de derrocar al régimen, lo que de ocurrir, evidentemente, hubiera satisfecho a la administración estadounidense.

Es conveniente destacar que el objetivo de Estados Unidos cuando impuso el embargo a Cuba no fue derrocar el régimen de los hermanos Castro. El embargo fue una retaliación, un castigo a las disposiciones que había tomado el régimen castrista en contra de los intereses económicos estadounidenses. El embargo tampoco fue una especie de sanción al castrismo por los fusilamientos, o por la situación de los derechos humanos en la isla.

Su propósito era estrictamente económico, aunque es cierto que con el transcurso del tiempo y paralelo a la disminución de la capacidad de la oposición para derrotar la dictadura por medio de las armas, se transformó en el imaginario de un amplio sector de quienes enfrentaban el castrismo, en el ariete que daría fin al totalitarismo insular.

Por supuesto que las diferencias ideológicas y políticas estaban implícitas, pero las estrategias de Washington para derrocar la dictadura se instrumentaron por medio de la ayuda al movimiento clandestino en la isla, la expedición de la Brigada 2506 a Bahía de Cochinos, la Operación Mongoose y otras maniobras ofensivas de menor intensidad que con el tiempo desaparecieron de la agenda de los ejecutivos estadounidenses.

Indudablemente que la hostilidad entre los dos gobiernos no desapareció. Cuba se alineó con la Unión Soviética durante la Guerra Fría y, en consecuencia, las diferencias entre los dos países se hicieron más graves. Ambos gobiernos nunca dejaron de ser enemigos y procuraron mutuamente, sin llegar a una confrontación abierta, infringirse el mayor daño posible.

Washington mantuvo una política hostil hacia el régimen de La Habana, pero la agresividad de sus estrategias fue disminuyendo. Las nuevas disposiciones podrían ser útiles para entorpecer el fortalecimiento del régimen y neutralizar, aunque fuera parcialmente, su influencia en el exterior, pero no contenía elementos que por sí mismos hicieran posible su derrocamiento.

Por su parte, la dictadura insular nunca cesó sus agresiones contra Estados Unidos o sus intereses. La subversión armada que patrocinó en el hemisferio, la presencia mercenaria en África, la constitución del Foro de Sao Paulo, la base de espionaje de Lourdes, la conversión de Venezuela en un centro de desestabilización hemisférica, sin obviar, entre otras prácticas, la intensa actividad que los servicios de espionaje cubano ha desplegado en territorio estadounidense.

El gobierno de Cuba es por naturaleza belicoso y provocador. Durante décadas insufló en la población el odio a Estados Unidos. Responsabilizó a Washington de todos sus errores y fracasos. No en vano Fidel Castro escribió desde la Sierra Maestra a su amiga y compañera en la destrucción de Cuba, Celia Sánchez, "Una vez que la guerra llegue a su fin, comenzaré lo que para mí es una guerra más larga y de mayor envergadura, la guerra que voy a librar en contra de los americanos. Comprendo que este será mi verdadero destino".

La Habana, sin perder tiempo y aunque mantiene relaciones comerciales con más de 170 países, siempre calificó el embargo de bloqueo, asumiendo el rol de víctima de Washington, un papel que ha cumplido satisfactoriamente a pesar de que el 6. 6 por ciento de sus importaciones proceden de empresas estadounidenses, y compañías de ese país suministran el 96 por ciento del arroz y el 70 por ciento de la carne avícola que se consume en la isla.

Sin duda alguna, el embargo de Estados Unidos a Cuba afecta a este último país, pero es muy peregrino asegurar, aunque la dictadura castrista lo proclame, que el embargo ha sido y es la herramienta clave de Washington para destruirla.

La Casa Blanca optó por la ruptura en los primeros años, después estableció la política de contención en la que el embargo es fundamental y por ultimo instrumentó lo que podría calificarse de convivencia hostil con la dictadura condición que no fue afectada por la ley Helms-Burton- de ahí el aumento del comercio y los numerosos acuerdos suscritos entre ambos gobiernos.

La nueva política de Estados Unidos hacia Cuba restaría herramientas al arsenal retórico de la dictadura, pero no tiene por qué afectar positivamente la situación de los derechos humanos en la isla, como tampoco sucedió cuando esa medida económica fue impuesta hace casi cincuenta y cinco años.

Washington está a favor del fin del embargo y de mejorar las relaciones en general con La Habana sin condiciones previas, el problema es que no se sabe a favor de qué está la dictadura cubana, a excepción de sobrevivir a toda costa.

En los últimos meses el presidente Barack Obama ha dispuesto numerosas medidas a favor de facilitar las relaciones comerciales y económicas con La Habana, pero el gobierno de la Isla continua sin producir ningún tipo de resolución o ley, que relaje el fuerte control que ejerce sobre las actividades antes mencionadas.

Algo similar ocurre en lo que respecta a los derechos ciudadanos, como se ha apuntado con anterioridad. Las preocupaciones, hasta ahora no se ha producido una demanda o exigencia, expresadas por el gobierno de Estados Unidos por la situación de los derechos humanos en la isla no han surtido efecto, aun peor, no se aprecia que haya voluntad de parte del régimen por realizar reformas jurídicas que garanticen el respeto a los derechos naturales de sus ciudadano.

Inciso. B Cuba y la Unión Europea.

Por su parte, la Unión Europea ha mostrado su disposición de reconsiderar su política hacia el gobierno de La Habana.

La decisión que tome la UE afectará también de diferentes maneras a la oposición cubana y en particular el tipo de relación que la entidad sostiene con los demócratas cubanos.

La mayoría de los países de Europa Occidental, durante el periodo de la Guerra Fría, fueron críticos del régimen totalitario cubano.

Posteriormente, y después de la caída del Muro de Berlín, las repúblicas que en su momento estuvieron sometidas a Moscú asumieron un papel contrario al sistema imperante en la isla. Vale la pena destacar que los rivales más fuertes de La Habana en la UE, son aquellos gobiernos integrados por hombres y mujeres que padecieron los rigores del totalitarismo.

Por otra parte, los países europeos han tenido históricamente una posición más crítica hacia el régimen de La Habana que sus pares latinoamericanos.

Eventuales cambios en la Posición Común[83], una estrategia de la comunidad europea hacia Cuba que se estableció en 1996,

---

[83] La política de la EU hacía Cuba está basada en la Posición Común, adoptada en diciembre de 1996. Su objetivo es promover la transición hacia la democracia y el respeto por los derechos humanos. La UE defiende el "un constructivo diálogo

incidirán en las gestiones que realizan en el exterior las organizaciones de exiliados.

Inciso C. Cuba y América Latina.

Además, hay que tener en cuenta que los gobiernos de América Latina, en particular los que integran el ALBA, Alianza Bolivariana de las Américas, deberán revaluar varios aspectos de sus relaciones con Cuba a partir del momento que estableció relación con Estados Unidos.

En la década de los 60 la totalidad de las naciones del hemisferio, con la excepción de México y Canadá, rompieron relaciones con el régimen de los Castro y la isla fue separada de la Organización de Estados Americanos, OEA.

Pero en aquellas décadas Cuba promovía la desestabilización de los gobiernos del hemisferio, lo que determinó que muchos países decidieran romper con La Habana, a la vez que mantenían buenas relaciones con Washington.

Cuba fue un sofisticado centro de subversión y preparación de guerrillas rurales y urbanas. Todos los países estaban amenazados por los cruzados del castrismo, y la reacción de muchos de aquellos gobiernos, salvo contadas excepciones, fue consecuencia de las crisis internas que enfrentaban.

La resolución de la OEA, Punta del Este, Uruguay, que excluyó al régimen de Fidel Castro de la organización, fue adoptada por el voto favorable de catorce gobiernos, Cuba en contra y las abstenciones de Argentina, Bolivia, Brasil, Chile, Ecuador y México. La abstención no eximió a esos países de la subversión desestabilizadora que auspició La Habana.

---

político, enfocado a los resultados" y la cooperación con todos los sectores de la sociedad cubana. Actualmente la posición común está en negociación con el gobierno de Cuba. Esta situación ha adquirido una nueva dinámica después de la declaración de los gobiernos de Estados Unidos y Cuba sobre el restablecimiento de relaciones.

No obstante la política injerencista de Cuba, un número importante de países latinoamericanos decidió restablecer relaciones diplomáticas y comerciales con la isla.

Esto ocurrió antes de 1975, cuando el organismo regional, por medio de otra resolución, dejó a los países miembros de la entidad en libertad de desarrollar el tipo de relaciones que convinieran con La Habana.

Chile, bajo Salvador Allende, fue el primer país que reanudó relaciones con Cuba, 1970, le siguió Perú, 1972 y posteriormente Argentina, 1973.

Bueno Aires le concedió a La Habana, 1973, un préstamo inicial de 200 millones de dólares que alcanzó en seis años los 1200 millones. Deuda que Cuba no ha pagado todavía. Fue el gobierno de Richard Nixon el que aceptó que las automotrices estadounidenses, por medio de un acta especial, fabricaran autos para ser vendidos en Cuba con crédito argentino.

Unas relaciones prácticamente imposibles de examinar fue la de la dictadura militar de Argentina con su par de La Habana.

Ambas dictaduras, a pesar de sus profundas diferencias ideológicas, se pusieron de acuerdo para meter bajo sus respectivas alfombras a los desaparecidos y a los fusilados. Los gobiernos se asociaron en la Comisión de Derechos Humanos de Naciones Unidas en Ginebra para protegerse mutuamente

Brasil reinició los vínculos diplomáticos en 1986 porque, según afirmaba su cancillería, el peligro del guevarismo había desparecido. Con anterioridad, las relaciones culturales y comerciales entre ambos países se habían fortalecido.

El gigante del Sur tipifica en cierta medida la postura de América Latina hacia el régimen de Fidel Castro, que nunca se ha caracterizado por una posición doctrinal contra el totalitarismo insular.

El gobierno de Brasil rompió relaciones con Cuba en 1964, después del golpe de estado contra Joa Goulart. Recordemos que el presidente Janio Cuadro, en 1960, viajó a Cuba para interceder entre La Habana y Washington.

En el Siglo XXI los mandatarios del Partido de los Trabajadores de Brasil, Luis Inacio Lula da Silva y Dilma Rousseff, han sido firmes aliados del castrismo.

Centroamérica fue la región del hemisferio que más dilató la reanudación de relaciones con Cuba. El primer país en hacerlo del área fue Panamá, 1974, bajo el general Omar Torrijos. Nicaragua, con las hordas comandadas por Daniel Ortega en 1979.Guatemala en 1998. Honduras en enero de 2002.Costa Rica en marzo de 2009 y el gobierno de El Salvador bajo la presidencia Mauricio Funes.

El reconocimiento diplomático al gobierno de Cuba después de la ruptura de los años 60, fue usado por algunos gobiernos de la zona como un medio para demostrar su independencia de Estados Unidos, pero también como un seguro contra la desestabilización que La Habana puede activar en cualquier momento, gracias a la clientela política a su servicio en toda Latinoamérica.

La situación de los Derechos Humanos en Cuba, la permanencia de un régimen dictatorial que ha pretendido imponer su modelo de gestión en el resto del hemisferio, no ha sido una preocupación para la gran mayoría de los gobiernos latinoamericanos ni para un amplio sector de su clase dirigente.

La desidia y la falta de solidaridad con el pueblo cubano han sido constantes. Considerar que la dictadura de Cuba es consecuencia de la conducta de un vecino poderoso, Estados Unidos, es ignorar el verdadero escenario, pero también es indiscutible que el haber sido comprensivo con el totalitarismo insular les ha servido para aparentar independencia.

Donde mejor se ha apreciado la actitud de los estados latinoamericanos con el pueblo de Cuba ha sido en los foros internacionales, y en particular en la Comisión de Derechos Humanos de Naciones Unidas, así como en el actual Consejo de Derechos Humanos que le sustituyó.

Paradójicamente, los países europeos y Estados Unidos han estado más prestos a culpar al gobierno de Cuba de sus abusos, que nuestros hermanos del hemisferio.

Lamentablemente, no es de esperar que los gobiernos latinoamericanos, por el hecho de que La Habana y Washington han restablecido relaciones diplomáticas, estén dispuestos a elaborar políticas que presionen a los Castros a favor de cambios hacia la democracia en Cuba y menos aún se puede suponer que elaboren una especie de política común latinoamericana hacia la segunda dictadura dinástica más antigua del mundo.

La conducta de los mesías populistas del cesarismo electoral es compartida abiertamente por la denominada derecha inteligente, quienes han decidido pasar por alto la situación política y social de la isla de forma reiterada.

Desde la desaparición de Rómulo Betancourt, Raúl Leoni, Luis Alberto Muñoz Marín y otros pocos mandatarios latinoamericanos, el gobierno de Cuba ha sido una piedra en el zapato de los líderes del hemisferio, pero que solo les incomoda cuando sus intereses directos son afectados.

Inciso D. Viajes Papales.

Los cubanos no fueron ni son en su mayoría practicante de la religión Católica. Cierto que la casi totalidad de la población se reconocía creyente de esa observancia, pero estaba muy lejos de practicarla con la devoción y la constancia que toda fe demanda.

En el pasado el número de creyentes en la isla nunca fue comparable con el de otras naciones del hemisferio, representatividad que fue afectada dramáticamente a partir del triunfo de la revolución, porque un número importante de feligreses, por miedo u oportunismo, decidió abandonar sus creencias.

Sin embargo, Cuba ha sido visitada en 15 años por tres Pontífices de la Iglesia Católica, no obstante, la influencia de estas figuras, aunque ha repercutido favorablemente en la presencia e influencia de la religión en la sociedad, no ha ejercido influencia en el gobierno a favor de que los derechos ciudadanos sean respetados.

Es cierto que la Iglesia como tal ha ganado espacios en la sociedad a partir del viaje de Juan Pablo Segundo, los que se acentuaron a partir de las visitas de Benedicto XVI y Francisco, pero la nueva situación no ha repercutido de manera relevante en la vida regular de los cubanos.

Sin embargo es previsible que la presencia de la iglesia Católica en el país sea cada día más importante. Ocupe más espacios de la sociedad, no porque el régimen haya cambiado sus convicciones e intereses, sino porque tienen la certeza de que hay que buscarle una solución a la crisis de valores de los ciudadanos que ellos transformaron en masa.

Inciso E. La nomenclatura.

En los últimos meses, en particular, a partir del restablecimiento de las relaciones diplomáticas entre los gobiernos de Cuba y Estados Unidos, un número importante de dirigentes políticos y empresariales han viajado a la isla para tratar de hacer negocios, o al menos, explorar las posibilidades de hacerlo en un futuro próximo.

Los contactos de estos individuos en la isla son con funcionarios que representan los diferentes intereses económicos del régimen, tal y como lo hace un empresario de cualquier corporación, lo particular de esta situación es que estos burócratas aunque tengan el conocimiento y la experiencia necesaria para ocupar esa posición, son individuo que ocupan el cargo por decisiones políticas de sus superiores y no solo por su capacidad gerencial.

La familia de los Castro y sus colaboradores más próximos ocupan posiciones muy importantes en la estructura económica del país, un lastre pesado para aquellos factores, interno o externo que estén a favor de un cambio de sistema en Cuba.

Prólogo

"Bosquejos sobre la oposición política al totalitarismo y Socialismo del Siglo XXI. Cuba-Venezuela", es un libro de revelaciones y precisiones, todas necesarias en estos tiempos de ansiedad y laberinto.

El discurrir vital de su autor, **Pedro Corzo,** es algo que desde el principio de su amistad me conmovió. Cuando sus compañeros de generación en Hispanoamérica andábamos de líderes estudiantiles en nuestras universidades, autónomas y democráticas, ya Pedro era un preso de los hermanos Castro en una de las repetidas ergástulas cubanas

Los años de prisionero le impidieron completar estudios académicos, pero es hoy en día un autodidacta lúcido y culto, un periodista de postín y un insobornable activista de la libertad, presidente del Instituto de la Memoria Histórica Cubana contra el Totalitarismo.

Con esta obra, en la cual compara los procesos históricos de Cuba y Venezuela (en las últimas décadas más llenos de sombras que de brillo), Pedro Corzo rescata una visión de la política como una actividad de solidaridad y servicio público, emprendida por hombres recios que aman al prójimo y vencen sus miedos.

Sus doce años de residencia protagónica en Venezuela y toda una vida de luchador por la Democracia de su país (lo mismo en Cuba que Florida y otras latitudes), lo avalan para entregarnos este libro útil que usted tiene en las manos.

El conoce como pocos las motivaciones, peripecias y hasta detalles desconocidos, de la estrategia expansionista del comunismo cubano en Latinoamérica. Del daño que hizo y por qué fracasó. Eso está explicado en este libro.

Y es que Fidel Castro y su socio el Che Guevara, entrenaron, armaron y financiaron a guerrilleros que se infiltraron en nuestras naciones para sembrar el caos y el terrorismo.

Según sus propias palabras, el Che quería *"dos o tres Vietnam"* en Latinoamérica para imponer el comunismo. Fidel aspiraba a liderar desde La Habana un continente rojo, que después proyectara su pesadilla en ámbitos tricontinentales.

Pero fallaron. La guerrilla cruenta no encajó con la cultura ni las aspiraciones del proletariado de nuestros países, que ya obstinado de escaramuzas y tiranos, vivía la ilusión de la Democracia Civil emergente.

En el caso de Venezuela, su presidente Rómulo Betancourt, sus aliados social cristianos y la Fuerzas Armadas institucionalistas, pudieron derrotar política y militarmente a los invasores amamantados por los Castro.

Con el apoyo soviético, la indolencia mundial y después con el financiamiento petrolero venezolano, la tiranía comunista de los Castro ha logrado sobrevivir más de cinco décadas en Cuba. Con una política de represión y propaganda masivas, lograron implantar una atmósfera de miedo y pesimismo que lleva agua al molino de su dominación.

Hoy el comunismo cubano mira con vergonzante interés el modelo chino, de comunismo político y capitalismo económico y, aunque usted no lo crea, adula al *"imperio yanqui"* para que le avale la consecución de capitales foráneos, que le refresquen esa economía que el comunismo arruinó y les permita refinanciar el continuismo de su poder autocrático.

Paralelamente, junto a ese personaje de despreciable amoralidad que es el brasilero Luiz Inacio Lula Da Silva, los hermanos Castro reunieron a los fracasados y resentidos del izquierdismo continental, para lanzar ese cónclave deletéreo conocido como Foro de Sao Paulo. El objetivo, *cambiar de estrategia:*

Sin las armas y los rublos soviéticos detrás y con el desprestigio del comunismo después de la pulverización del Muro de Berlín, la promoción de la lucha armada y el terror para conquistar el poder carecían de sentido práctico. Era imperativa otra modalidad de lucha.

Así brotó, siempre teledirigida desde La Habana y después financiada por los petrodólares caraqueños, la estrategia de aprovechar los descontentos populares donde se produjeran, para ganar el gobierno por elecciones y, *desde la democracia acabar con la democracia.*

Esta nueva realidad de dictaduras electas que impera en Bolivia, Ecuador, Nicaragua y Venezuela (y de la cual se salvaron en la raya Honduras, Paraguay y quizás Argentina), es el gran desafío de la Democracia hemisférica en la actualidad.

Para continuar su dominación, los Castro manipularon hasta el paroxismo la necia ambición planetaria de Hugo Chávez, al extremo de imponerle como sucesor a Nicolás Maduro, un agente entrenado por ellos para la sedición en Venezuela y la docilidad al Partido Comunista de Cuba.

De todas estas materias, incluso de las fisuras que ahora aparecen en el chavismo (Maduro versus Cabello) y hasta entre los comunistas cubanos (los conservadores ultra fidelistas y los tímidos reformistas), y también de la corrupción económica, política y moral inherentes al comunismo, habla Pedro con Corzo con propiedad y enjundia en este valioso libro.

Hacían falta las revelaciones y precisiones de Corzo para completar la comprensión de estos procesos complejos, controversiales y lacerantes que han experimentado nuestras patrias en las últimas décadas. Además, comprender inflama el optimismo y la alegría de los comprometidos con la libertad, la solidaridad y la tolerancia.

Gracias a Pedro Corzo por este nuevo aporte al rescate de la memoria de nuestros países hermanos.

Alexis Ortiz

CAPÍTULO VIII

Venezuela

La oposición[84] venezolana enfrenta un reto muy difícil porque procura derrocar un régimen despótico amparado en la legalidad electoral, condición que le confiere el hecho de haber sido electo en comicios plurales y secretos.

Por otra parte, sin excluir la importancia de los electores que respaldan la autoridad vigente, estos tipos de regímenes cuentan por lo regular con un núcleo duro identificado con el gobierno que no duda en recurrir a medidas extremas, léase violencia, para destruir a los que disienten del proyecto.

En consecuencia, enfrentar un régimen despótico con un relativo, en ocasiones importante, respaldo popular y amparado en una seudolegalidad, es mucho más complicado que combatir una dictadura.

Las acciones legales en contra de la autocracia pueden dejar de serlo según el poder lo determine, porque tiene el control sobre las instituciones del estado. El opositor, por voluntad del gobierno, no por sus actuaciones, se convierte en transgresor de la ley y puede terminar en prisión.

En ese aspecto, la oposición cubana contó, si se puede catalogar de esa manera, con una ventaja. La dictadura al actuar con

---

[84] "Lo que necesitamos fue lo que hicieron los líderes en el 58, nadie sacrificó su propia visión del país, nadie hizo eso, nos unimos simplemente para que hubiese un mecanismo democrático, resultó y duró 40 años, no se le ha pedido a los líderes que renuncien y que afecten ni que se odien y que se quieran, simplemente que hay que derrotar al gobierno para generar un gobierno democrático, para llamar a elecciones donde cada uno pueda dirigir sus propias estrategias electorales." Américo Martín, politólogo, entrevista con el autor.

violencia extrema obligó desde el principio a la oposición a actuar de igual manera.

Venezuela fue el primer país del hemisferio en el que se impuso a través del voto un régimen que usando recursos legales, modificó las leyes e instituciones del país para exclusivo beneficio del ejecutivo.

Las propuestas contaron con respaldo popular y con un notable apoyo en la clase dirigente, empresarios, intelectuales y profesionales, pues atacaban problemas reales del país que consideraban importante resolver.

Diferentes medios de información, periodistas, intelectuales, políticos de genuinas credenciales democráticas olvidaron que Hugo Chávez era un golpista que había intentado destruir el orden institucional que regía el país.

El respaldo de importantes sectores de la sociedad civil al golpe del 4 de febrero de 1992, después de vivir más de tres décadas bajo un sistema democrático, evidenciaba la profunda crisis política que padecía el país.

Por supuesto que un número importante de ciudadanos disintieron, se percataron de los objetivos reales del nuevo brujo, pero esa prédica no fue escuchada y la mayoría del país apoyó una nueva carta magna que daba oportunidad a una especie de refundación de la nación, porque establecía la renovación de todos los poderes públicos y de nuevos prototipos legales.

Si en Cuba el Tribunal Supremo de Justicia declaró en la madrugada del primero de enero de 1959[85] que la revolución era fuente de derechos, en Venezuela líderes políticos con genuinas credenciales democráticas apoyaron abierta o discretamente la

---

[85] Ramón Barquín. "El Día que Fidel Castro se apoderó de Cuba". Editorial Rambar. San Juan. Puerto Rico. 1978.

intentona golpista del teniente coronel **Hugo Chávez Frías**, febrero de 1992, contra el gobierno del presidente Carlos Andrés Pérez[86].

El intento de golpe proyectó a Hugo Chávez[87] a nivel nacional. El hecho de que no fuera procesado judicialmente y que disfrutara de las prerrogativas de un preso político en una sociedad abierta, hizo posible que se convirtiera en una alternativa política[88].

---

[86] Ministro de Relaciones Exteriores en 1962. Doce años más tarde fue presidente de la República como candidato de Acción Democrática, partido afiliado a la Internacional Socialista. Durante su mandato se nacionalizaron las industrias siderúrgicas y petrolíferas. Consiguió de nuevo la presidencia en 1989, tras obtener el 54,5% de los votos. Inició un plan de austeridad que produjo una explosión social conocida como el "El Caracazo" el 27 de febrero de 1989, al que sobrevino un período de gran inestabilidad política con dos golpes de Estado en 1992 y un juicio, el primero en la historia de Venezuela, a un presidente en funciones, Carlos Andrés Pérez, fue suspendido de sus funciones públicas el 20 de mayo de 1993. Mientras se decidía el juicio pagó condena domiciliaria. Le acusaron de malversación de la Partida Secreta del Ministerio de Relaciones Interiores y fue declarado culpable por la Corte Suprema de Justicia. Fue destituido de la Presidencia y para ocupar el alto cargo fue designado Ramón J. Velázquez quien concluyo el periodo constitucional para el que había sido electo Andrés Pérez.

[87] En el año 1982 un grupo de militares venezolanos descontentos con la situación del país decidió fundar Movimiento Bolivariano Revolucionario 200. Dicha organización fue fundada por los entonces capitanes del Ejército Hugo Chávez Frías, Felipe Acosta Carlés y Jesús Urdaneta Hernández, quienes se desempeñaban como instructores de la Academia Militar.

Roger Santodomingo, en su libro de "Verde a Maduro", señala que Chávez, después del juramento, se entrevistó con el antiguo comandante guerrillero Douglas Bravo, con el que estableció una alianza con el fin de penetrar las Fuerzas Armadas de Venezuela.

La acción golpista fue identificada por sus actores como la Operación Zamora. El golpe fue sofocado, pero Chávez, jefe de la intentona, fue autorizado por el gobierno del presidente Pérez a dirigirse a sus partidarios a través de la televisión. En la trasmisión en vivo Chávez asume toda la responsabilidad y manifiesta que la acción ha terminado "por ahora", lo que lo convierte paradójicamente en un personaje popular.

[88] "En esos momentos se puede decir que el país estaba totalmente desbocado, había una Venezuela que añoraba una bota militar y esa bota militar se presentó por medio de dos intentos de golpes de estado. Venezuela hoy es víctima por la falta de educación es lo que tiene que ver con los principios y los valores democráticos, ya que una sociedad democrática no celebra golpes de estado, una sociedad democrática no

Hugo Chávez, a pesar de lo cruento de su intentona[89], sólo estuvo dos años en prisión. Durante ese tiempo disfrutó de grandes ventajas y oportunidades. El régimen carcelario del golpista fue sumamente laxo, lo que le facilitó que desde la cárcel creara la urdimbre que haría posible su acceso al poder.

La crispación de la sociedad venezolana se agudizaba. Muchos medios de prensa y dirigentes políticos expresaban simpatías hacia el militar en prisión. También había sectores que demandaban su excarcelación, restándole importancia a la acción antidemocrática que había dirigido.

Hay que señalar que los dos partidos políticos más importantes del país habían sufrido en los últimos años un fuerte desgaste, condición que hizo posible que la unión de agrupaciones como, MAS y Convergencia Nacional[90], agrupación política creada por Rafael Caldera[91], triunfara en las elecciones.

En 1994, durante su segundo mandato, Rafael Caldera decretó la amnistía de los militares golpistas que quedaban en prisión[92].

---

calla ante los sobreseimiento a las causas golpista, porque no fueron indultos, los indultos ocurren cuando la persona comete los delitos y ha sido sentenciado. En este caso el juicio fue suspendido por un decreto del presidente Rafael Caldera empujado por las fuerzas vivas, y los medios. Thays Peñalver. Abogada. Analista política.

[89] Varios informes refieren que hubo cerca de medio centenar de muertos, entre ellos 17 soldados. Varias decenas de heridos y más de mil detenidos. Las pérdidas materiales fueron cuantiosas. .

[90] Convergencia unió partidos minoritarios como el Movimiento al Socialismo, MAS, el Movimiento Electoral del Pueblo y una quincena de partidos más.

[91] Uno de los principales líderes del proceso de consolidación democrática de Venezuela. Fundador de Copei, Comité de Organización Política Electoral Independiente y Convergencia. Uno de los principales promotores del Pacto de Punto Fijo, acuerdo suscrito por varios partidos políticos, AD,COPEI y URD fue firmado el 31 de octubre de 1958. Meses después fue derrocado el gobierno del general Marcos Pérez Jiménez.

[92] Los candidatos más importantes a la presidencia en los comicios de 1993, se comprometieron durante la campaña a liberar a Hugo Chávez.

Los rivales de Caldera durante el proceso electoral también favorecían la excarcelación, lo que en cierta medida obliga a evocar la amnistía que el general Fulgencio Batista[93] dictó a favor de los atacantes del cuartel Moncada.

La decisión de Fulgencio Batista de amnistiar a Fidel Castro es más fácil de aceptar que la de Rafael Caldera[94] de sobreseer el proceso a Hugo Chávez.

Batista era un golpista. Había violado la constitución del país con el golpe militar que protagonizó el 10 de marzo y es de suponer que la decisión estaba inspirada en la intención de mejorar su imagen pública, pero ese no era el caso de Rafael Caldera, un político de genuinas credenciales democráticas que no tenía necesidad de mostrar compasión con quien había violado la institucionalidad venezolana.

Lo acontecido con Chávez es consecuencia de "un estado en apariencia omnipotente, pero que es fundamentalmente débil en lo decisivo: la capacidad de sancionar a los que violentan sus reglas", como apunta el profesor y politólogo venezolano Aníbal Romero en su libro, La Miseria del Populismo.

Después de su excarcelación, Chávez se dedicó a organizar sobre la base del MBR 200 un movimiento político integrado por oficiales retirados de las fuerzas armadas, una amplia base popular y sectores de la clase media.

---

[93] Fidel Castro, fue sancionado a quince años de cárcel por el ataque al cuartel Moncada, pero solo cumplió veintidós meses de prisión. Fue amnistiado por el gobierno de Fulgencio Batista.

[94] El último quinquenio de la Democracia lo presidió Rafael Caldera acompañado de pequeña fracciones políticas que llamaron "chiriperos". La realidad es que el presidente Caldera no pudo gobernar. Enfrentó grandes problemas. Había una profunda crisis de gobernabilidad. Los líderes representativos de la democracia no estaban a la altura de lo que el país demandaba.....Tampoco se escucharon quejas ni voces contrarias a la decisión presidencial." Thays Peñalver en entrevista con el autor.

El teniente coronel liberado realizó varios viajes propagandísticos a diferentes países del hemisferio y a Europa. Uno de estos viajes fue a Cuba, 1994[95], donde se reunió con Fidel Castro e hizo declaraciones que debieron alertar a los demócratas venezolanos en particular y latinoamericanos en general.

Chávez siempre mostró que sostenía sus propuestas populistas y su discurso reivindicador y redistributivo en una personalidad fuerte, que tenía la capacidad de ejercer una gran influencia en amplios sectores de la sociedad.

Desde los primeros momentos demandó del presidente Caldera que disolviera el Congreso y convocara a una Asamblea Constituyente, una exigencia que permitía apreciar que Chávez no había dejado de ser un enemigo del sistema que le había dado la libertad, a pesar de su intentona de destruirlo.

Chávez, con un aguzado sentido de la oportunidad, se disfrazó de demócrata y se alistó para participar en las elecciones de 1998 para las que fundó el partido Movimiento Quinta República, 1997.

Al partido se sumaron varios de los militares que participaron en la intentona golpista de 1992, entre ellos Diosdado Cabello, Francisco Arias Cárdenas y Jesse Chacón Jaramillo, pero también civiles como Luis Miquilena[96] un político de vasta experiencia que

---

[95] "Lo mismo les digo a todos ustedes, queridos compatriotas cubano-latinoamericanos, algún día esperamos venir a Cuba en condiciones de extender los brazos y en condiciones de mutuamente alimentarnos en un proyecto revolucionario latinoamericano, imbuidos como estamos desde siglos hace, en la idea de un continente hispanoamericano, latinoamericano y caribeño, integrado como una sola nación que somos..... Queridos amigos, ustedes me han honrado con sentarse esta noche a oír estas ideas, de un soldado de un latinoamericano entregado de lleno, y para siempre, a la causa de la Revolución de esta América nuestra. Un inmenso abrazo bolivariano para todos ustedes". Fragmento del discurso de Hugo Chávez en la Universidad de La Habana. 14 de diciembre de 1994.

[96] Ocupa varios cargos en el primer gobierno de Hugo Chávez. Fue presidente de la Asamblea Constituyente y Presidente de la Comisión Legislativa Nacional. Posteriormente rompió con Chávez.

algunos analistas consideran fue una especie de mentor de Hugo Chávez.

El Quinta República fue el eje principal de una coalición que se identificó como el Polo Patriótico y a la que se sumaron varios partidos de izquierda, entre ellos, el Movimiento al Socialismo, Causa R, Bandera Roja, Partido Popular de los Trabajadores, Partido Comunista de Venezuela y el Movimiento Electoral del Pueblo.

El propio nombre del partido, Quinta República, confirmaba a cualquier observador avezado el proyecto de refundación nacional que Chávez promovía. La propuesta era calzada con un discurso en extremo nacionalista y populista, de reivindicación tanto social como nacional, que sin aludir a la lucha de clases, dejaba entrever cuales eran los verdaderos planes.

Por otra parte, Chávez recurría a la figura histórica de Simón Bolívar para legitimar sus propuestas y aspiraciones. Procuraba de todas las maneras posibles presentarse como la única persona capaz de implementar las aspiraciones del Libertador.

Antes y durante la campaña, el candidato del Polo Patriótico manejó un doble discurso. Se presentaba como un hombre contrario a la política, explotando el parecer de amplios sectores de la nación que estaban frustrados por la actuación de muchos de los políticos tradicionales. Tenía la habilidad de establecer contacto directo con amplios sectores de la población. Su carisma le protegía de las barrabasadas en las que incurría durante su comparecencia.

Al igual que Fidel Castro, eligió un enemigo poderoso, Estados Unidos. Sus ataques contra lo que representa ese país eran constantes, antes y durante sus gobiernos. La agresión extranjera fue un recurso importante de sus mandatos.

La agresión y la militarización de la sociedad estaban encaminadas a que la población asumiera que él, Hugo Chávez, era la Nación y que cualquier acción en su contra era realmente contra Venezuela. No era una estrategia novedosa, pero siempre ha sido útil a los déspotas para confundir a ciertos estamentos de la población.

Otro enemigo a atacar era la Iglesia Católica, Chávez se manifestaba creyente pero siempre buscó todas las oportunidades posibles para desacreditar a la jerarquía de la Iglesia sin atacar la religión, un factor que confundía a determinados sectores.

A pesar de sus hirientes manifestaciones prometía respetar el orden existente, aseguraba ser ajeno a cualquier propuesta socialista, calificó a Fidel Castro de dictador y aseguró que respetaría la independencia de los medios de comunicación, la propiedad privada y que no buscaría perpetuarse en el poder.

La campaña electoral estuvo muy polarizada. Los partidos AD y Copey, en un intento por detener el avance del candidato del MVR en las encuestas, le retiraron a sus respectivos abanderados, Luis Alfaro Ucero e Irene Sáez, su respaldo para apoyar la candidatura de Henrique Salas Romer[97], ex gobernador del estado Carabobo y abanderado de Proyecto Venezuela.

Los partidos y líderes políticos tradicionales fueron disminuyendo su influencia, al extremo que los finalistas de la campaña electoral eran representativos de fuerzas políticas emergentes, el MVR y Proyecto Venezuela.

Según analistas electorales, el frente común contra Chávez no prosperó por contradicciones internas en los partidos, y porque esperaron los resultados de las elecciones parlamentarias y

---

[97] Alexis Ortiz opina que la alianza compuesta por Luis Alfaro Ucero, candidato de Acción Democrática, y el grupo económico "Venevision", a la que se sumaron otros medios y periodistas contribuyeron a la derrota de Salas Romer.

regionales previa a los comicios presidenciales, lo que no dejaba tiempo para articular una campaña con posibilidades de éxito.

Otros conocedores de la materia consideran que la situación económica y social del país, y los escándalos de corrupción influyeron fuertemente en la opinión del electorado que estaba deseoso de buscar apoyar un candidato que no fuera parte del sistema, en conclusión, una especie de voto castigo contra los partidos del sistema y sus dirigentes.

Los antecedentes de Hugo Chávez, como atentar contra la constitución nacional después de haber jurado respetarla, debieron alertar a los demócratas que se sumaron a sus propuestas y en particular al electorado nacional, pero no fue así, Chávez ganó las elecciones iniciando un proceso complejo durante el cual fue incrementado sus poderes por medio del control de las instituciones del estado y disposiciones contrarias al derecho.

El presidente electo Hugo Chávez[98] al conocer su victoria declaró, " Llamo a mis compatriotas a no tener miedo. No voy a instalar una dictadura tipo cubano o comunista en Venezuela. Eso está muy lejos de la verdad".

El mandatario demandaba a la población a no tener miedo, pero fue lo primero y que con más éxitos sembró en la sociedad venezolana. Inculcar miedo e inseguridad, incluso entre sus partidarios, es una práctica constante en el modelo de control político castristas que fue el que Chávez[99] escogió imponer en su país.

---

[98] Juan Liscano, de 73 años. "Chávez presenta, sin cesar, caras sucesivas, pero su verdadero rostro está siempre detrás de él"... "Sus consejeros deben pasar mucho tiempo reteniéndole, rectificando por él; ajustando su imagen de ese dictador en potencia a la de un líder democrático pacífico" asegura. El País.

[99] "La realidad es que cuando Chávez llegó al poder no tenían un proyecto claro, todo el pentagrama político lo trató de absorber el presidente electo". Américo Martín en entrevista con el autor.

No obstante, todo parece indicar que la inseguridad pública que en la actualidad asola e Venezuela forma parte de un plan del gobierno para atemorizar a la ciudadanía, porque el individuo debe sentirse obligado a mirar a su alrededor antes de expresar una idea u opinión. El sujeto se tiene que sentir amenazado, convencido que solo podrá sobrevivir si acata las disposiciones del gobierno.

El miedo es la herramienta más importante de los déspotas. Difundir inseguridad y temor en toda la sociedad es fundamental para una dictadura.

CAPÍTULO IX

Chávez, el autócrata. Derrocamiento y retorno al poder

El presidente electo[100] decidió no hacer declaraciones importantes hasta no jurar el cargo, pero reiteró su compromiso de respetar las promesas hechas durante la campaña electoral.

El día de la jura como presidente dijo que lo estaba haciendo ante una constitución moribunda, una expresión que debió haber causado alarma entre los congresista, pero ninguno se manifestó al respecto[101].

Por otra parte, tales declaraciones debieron haber causado una gran preocupación entre los demócratas que le apoyaban pero, desgraciadamente, salvo contadas excepciones, no hubo una acción contundente contra tal expresión.

La propuesta del flamante mandatario gustó y contó con un amplio respaldo en la población, pero también encontró inexplicablemente un amplio apoyo en el sector de la clase dirigente que había conducido el país por décadas.

---

[100] "La realidad es que cuando Chávez llegó al poder no tenían un proyecto claro, lo más evidente fue el acercamiento que hizo en busca de una ideología u otra. El presidente trató de absorber todo el panorama político. No era como el castrismo que sabía a dónde se dirigía. Aquella era una ideología consolidada y conformada. Aquí no había una dirección sabía ni coherente". Américo Martin, entrevista con el autor.

[101] La crisis de la democracia en Venezuela llega a un punto de inflexión cuando el individuo que va a posesionarse como presidente de la República declara estar juramentándose ante una constitución moribunda y ninguno de los miembros del Congreso se levanta y abandona la sala. "Ese es el gran error de la clase política dirigente…Todos escuchan tranquilamente y además aplauden. Qué habría pasado si se ponen de pie y se van. Violaban la democracia o la defendían…..Si el presidente que se va a juramentar ante la Constitución para comprometerse a cumplirla y hacerla cumplir, proclama que esa constitución no sirve, ¿ante quién esta jurando?....El dictador Chávez nació, juró sobre la moribunda no en la elección".

El flamante presidente, en una especie de mensaje subliminal, invitó al ex dictador, el general Marcos Perez Jiménez[102] a la toma de posesión, convite que Perez Jiménez declinó.

Otro indicativo de cuáles eran sus reales opiniones sobre una sociedad democrática se pudo haber apreciado cuando solicitó al congreso, elegido en 1998 y en ese entonces bicameral, que le confiriera poderes especiales en el área económica, pero una alarma mayor debió haber sonado cuando a dos meses escasos de ser presidente, convocó a un referéndum para elaborar una nueva carta magna.[103]

Para el profesor Asdrúbal Aguiar, el presidente Chávez durante sus mandatos propició golpes de estado sucesivos y continuados que tenían como objetivo fortalecer y ampliar su control sobre el estado, "vaciando de contenido ético y finalista al mismo Derecho: medios en apariencia legítimos con miras a fines

---

[102] Con el grado de Teniente Coronel, fue uno de los dirigentes del Golpe Militar que derrocó al presidente Rómulo Gallegos, el 24 de noviembre de 1948. Miembro desde ese día de la Junta Militar de Gobierno, junto a Carlos Delgado Chalbaud y Luis Llovera Páez, ocupó la cartera del Ministerio de Defensa hasta el 2 de diciembre de 1952, fecha en que asume la Presidencia Provisional de la República (luego de desconocer el triunfo de URD en la elección de los diputados a la Asamblea Nacional Constituyente a realizarse en 1953). El 19 de abril de 1953 se juramentó como Presidente de la República para el período constitucional 1953-1958. Ascendido a General de División (1957), mediante el plebiscito de diciembre de 1957 es proclamado presidente para el período 1958-1963. Sin embargo, a raíz de este suceso se producirá una ola de descontento en todo el país que finalizará en su derrocamiento por parte de las Fuerzas Armadas el 23 de enero de 1958.

[103] "Al inaugurar su mandato, el 2 de febrero, dicta un decreto -sin esperar que lo haga el Congreso electo junto a él como estaba previsto- convocando a un referéndum popular. Le pide al pueblo le otorgue directamente y sin más, en lo personal, autoridad para fijar las bases de un proceso comicial que lleve al país hacia la constituyente. Y su propósito confesado, como reza la iniciativa, es "transformar el Estado y crear un nuevo orden jurídico" sin cumplir con la exigencia previa de la reforma de la citada Constitución de 1961. Asdrúbal Aguiar. Historia Inconstitucional de Venezuela.

ilegítimos y fines supuestamente legítimos a través de medios claramente ilegítimos, con lo cual se

trastoca de raíz a la ética democrática".

La condición de originaria[104] de una nueva constituyente no estaba considerada en la Constitución de 1961 pero decisiones de la Corte Suprema de Justicia [105] legalizaron esa condición. El Consejo Nacional Electoral incluso ratificó la opinión de Chávez de que el poder Constituyente era un "poder originario", que no debía estar sometido a los poderes establecidos en la Carta Magna.

La mayoría de la clase política del país no se opuso firmemente a la propuesta, a excepción del Movimiento Apertura del ex presidente Carlos Andrés Perez. El ex líder de Acción Democrática criticó la decisión de los organismos competentes y los acusó de presentar una "actitud obsequiosa" hacia el primer mandatario nacional.

El profesor Vladimiro Mujica señala que uno de los errores más importante de la oposición ha sido menospreciar la fuerza del chavismo. El no haberse percatado de la gran amenaza a la democracia que representaba, y pretender resolver las situaciones sin entender realmente la naturaleza de los problemas que enfrentaba el país.

La oposición enfrentó la propuesta de la constituyente dividida. Evidentemente seguían sin darse cuenta del fuerte

---

[104] Sentencia fatídica la califica Carlos Raúl Hernández en Agonía de la Democracia", "La Corte, cuya atribución no es otra que vigilar en su escala el cumplimiento del ordenamiento jurídico asume el papel de determinar cuál es el cambio que el país exige"

[105] "A la Asamblea Constituyente Nacional le fueron otorgados los poderes por la Corte Suprema de Justicia. En ese momento no había ningún magistrado chavista pero se prestaron para esa manipulación. Tienen la responsabilidad de que el régimen chavista haya controlado totalmente el poder Judicial. Realmente a partir de este momento terminó la independencia, la autonomía de la justicia en Venezuela". Gisela Parra, ex juez del Consejo de la Judicatura de Venezuela. Entrevista con el autor.

control que Chávez[106] ejercía sobre amplios sectores de la clase política y la influencia que tenía sobre un gran segmento de la población.

Tampoco, al parecer, se habían percatado que el Presidente era un autócrata que acudiría a los recursos que fueran necesarios para incrementar su poder y extenderlo el mayor tiempo posible.

Chávez estaba en la cúspide de su popularidad y sería fácil a sus partidarios obtener la mayoría de los votos, en consecuencia, la nueva Carta Magna sería confeccionada a la medida del militar golpista[107].

La constitución fue redactada por la Asamblea Constituyente, elegida en julio de 1999 bajo un sistema totalmente uninominal.

Menos de un mes después, 12 de agosto de 1999, la preocupación de los demócratas debió haber aumentado. El cesarismo de Chávez crecía y su lenguaje populista se hacía más fuerte. Su contacto con las clases más populares se acentuaba, lo que le daba margen para una política plebiscitaria, establecida en la constitución, que tenía como único objetivo destruir a los sectores que le hacían oposición.

La constituyente declaró el Estado de Emergencia Nacional, se auto confirió poderes para intervenir y disolver otros órganos del estado. Posteriormente, la Asamblea Constituyente ordenó disolver el Sistema Judicial y más tarde el Parlamento, un verdadero golpe de estado institucional que tuvo muy poca resistencia entre los partidos políticos.[108]

---

[106] "La tragedia venezolana consiste en se creyó que la democracia no corría peligro. Las elites y el liderazgo venezolano no reaccionaron adecuadamente, huyendo de los tigres, caímos en manos de los leones".

[107] El Movimiento República, obtuvo con un 62% de votos el 95% de los constituyentitas. La oposición con un 35% obtuvo un 5% de los curules.

[108] Los magistrados supremos en ejercicio y sin concluir sus mandatos, el fiscal general, el contralor, fueron sustituidos por otros provisorios designados de a dedo, tanto como se cierran las legislaturas estaduales y cuerpos municipales. A la par se

Todas estas maniobras fueron orientadas por Chávez e implementadas por sus partidarios que fueron delegados a la Constituyente.

El 15 de diciembre de 1999, en votación nacional, la mayoría de los electores que acudió a las urnas hubo un 55 por ciento de abstención, reconoció la majestad de la nueva Carta Magna.

Hay que destacar que un día antes de los comicios el país fue azotado por un fenómeno[109] natural y que el gobierno no tomó las medidas adecuadas para proteger a la población, lo que permitió inferir a muchos observadores que a Hugo Chávez le interesaba más trabajar a favor de conservar el poder y su perpetuación en el mismo, que el bienestar del pueblo.

Hugo Chávez recibió constitucionalmente más poderes para gobernar. El país cambió el nombre, elevó el mandato presidencial a seis años en vez de cinco, la Asamblea Nacional quedó formada por un solo cuerpo legislativo, se estableció la reelección presidencial y se dio inició a un proceso de refundación nacional, porque la nueva Constitución disponía relegitimar a todos los funcionarios electos.

Un aspecto que al parecer no fue percibido en toda su magnitud fue la capacidad del presidente de nombrar un Vicepresidente Ejecutivo, un lugarteniente de su entera confianza que no tenía que enfrentar la decisión popular.

---

organiza un a Comisión Legislativa o Congresillo integrado por diputados electos a dedo por la Constituyente, quienes asumen las tareas legislativas para lo sucesivo y hasta tanto sean electos los nuevos miembros de la Asamblea Nacional unicameral creada por la Constitución de 1999. Asdrúbal Aguiar. Obra citada.

[109] La Tragedia de Vargas. Los muertos según diferentes cálculos fluctúan entre 16,000 a 30,000. Como consecuencia de las intensas lluvias se produjo un deslave, corrimientos de tierras e inundaciones en las costas caribeñas del país. Los damnificados se contaron en decenas de miles.

Sin embargo, sí hubo otras disposiciones en la constitución que fueron rechazadas por la oposición porque apreciaron justamente que favorecían por completo el poder ejecutivo.

Otorgarles el voto a los militares cuando el jefe de Estado provenía de sus filas. También la constitución de un denominado Poder Ciudadano o Poder Moral, compuesto por el Procurador General y el Defensor del Pueblo.

Chávez, que todavía estaba en su mejor momento electoral, ganó unas nuevas elecciones presidenciales con cerca del 60 por ciento de los votos emitidos, julio del 2000, no obstante, la oposición se había fortalecido, porque un amplio sector del país iba adquiriendo la visión de que el presidente seguía en los cuarteles porque intentaba gobernar el país como si fuera un campamento.

Paradójicamente, el rival más fuerte que tuvo Chávez en estos comicios fue un antiguo compañero de armas, un golpista de lealtades confusas y contradicciones profundas, Francisco Arias Cárdenas.

Además, el Presidente, al contar con mayoría absoluta en el parlamento, empezó a gobernar por decreto, decisión que permitió a los sectores democráticos al interior del chavismo y en la oposición, a percibir con más precisión la realidad de que el presidente no era un demócrata.

El discurso del presidente se radicalizó, pero también se hicieron públicos los primeros grandes escándalos de corrupción en su gobierno, también se presentaron fricciones entre los sectores civiles y militares del MVR.

El presidente Chávez inició el fortalecimiento del estado y por derivación, de su poder. Sectores importantes de la economía empezaron a recibir una mayor atención del gobierno para paulatinamente controlarlos, uno de los objetivos principales era la empresa Petróleos de Venezuela, PDVSA[110].

Un factor importante para el presidente fueron las Fuerzas Armadas, la fórmula castrista del pueblo uniformado le fue muy útil, al extremo que la militarización de la sociedad y de sus gobiernos al principio no fue percibida por amplios sectores de la población.

Ideó el Plan Bolívar 2000[111]. Los militares se relacionaban con la población, una particular forma de hacer política y promover el liderazgo del caudillo, porque teniendo en cuenta que Chávez era de extracción castrense, la presencia de los militares le hacía más visible entre los sectores más desposeídos del país.

Además, para algunos analista el Plan Bolívar 2000 fue el instrumento que utilizó el gobierno para corromper a importantes oficiales de los cuerpos armado. La corrupción permeó los institutos armados primero, la que fue seguida por la fidelidad al déspota y no a la constitución.

---

[110] Las estrategia a mediano y largo plazo eran discutidas entre el ministro de Minas y la directiva de PDVSA, que se llamaba la asamblea de accionistas. Sin embargo, Petróleos de Venezuela tenía una actividad operativa que había sido respetada por todos los gobiernos, pero cuando llegó Hugo Chávez eso cambió y empezaron a violentar las normas y procedimientos internos de la empresa. Una vez que esta situación se hizo pública, Chávez decidió sustituir la Junta anterior nombrando a personas en posiciones claves por el hecho de estar vinculados al gobierno y sin tener el conocimiento técnico o gerencial necesario. Horacio Medina, experto petrolero en entrevista con el autor.

[111] Este año Hugo Chávez suscribió con el gobierno de Fidel Castro el Primer Convenio Integral de Cooperación con Cuba, muy favorable al gobierno de La Habana por los compromisos financieros que Caracas asumía con la isla. Venezuela entregaba a Cuba, en condiciones de excepción, grandes cantidades de petróleo, desde la isla viajaban a Venezuela decenas de miles de personas a prestar diferentes servicios, También viajaron otros miles a prestar servicios en dependencias militares y gubernamentales tan sensibles como las relacionadas con inmigración y la seguridad.

Según pasaron los años, las compras de armas y otros recursos militares del gobierno venezolanos alcanzaron los miles de millones de dólares. Se desarrolló una milicia partidaria y grupos armados de apoyo el gobierno, llamados "Colectivos" que eran simplemente paramilitares al servicio del régimen.

Sin recurrir a la violencia extrema, pero practicando una constante política de acoso e intimidación y usando recursos legales, Hugo Chávez fue implantando una autocracia en la que fue controlando los diferentes poderes del estado.

Impulsó diferentes actos electorales para mantener la ficción democrática, pero la realidad era que los ciudadanos cada día que transcurría perdían más derechos. Para Chávez era vital transformar las instituciones para poder llevar a cabo sus proyectos.

En un intento por incrementar su poder en las calles y eliminar el creciente descontento, instrumentó la creación de los Círculos Bolivarianos, similares a los Comités de Defensa de la Revolución de Cuba. Eran grupos de presión, parte de la correa de trasmisión que necesitaba Chávez para perpetuarse en el poder.

Su avidez de poder no conocía límites. Procuró la aprobación de un proyecto integrado por 49 leyes que se llamaron Habilitantes, estas leyes estaban amparadas por artículos de la Constitución y le otorgaban amplios poderes al mandatario sobre la actividad económica.

Una de las leyes claves de este proyecto fue la Ley de Tierras, en la que el ejecutivo podía decidir sobre la confiscación de tierras sin indemnización ni mediación judicial.

Como consecuencia de estas y otras disposiciones, según transcurrieron los meses la oposición asumió una mayor conciencia de la realidad y empezó a prepararse para un período de confrontación sin precedentes desde la caída de la dictadura de

Marcos Pérez Jiménez, con la diferencia de que lo haría contra un régimen populista, con apoyo popular y legitimado por elecciones.

La oposición, aunque estaba representada en diferentes grupos y facciones, inició un ciclo de protestas[112] públicas que se fueron incrementando.

Esta oposición estaba básicamente integrada por la clase media, la iglesia, los medios de comunicación, y en particular por periodistas, quienes enfrentaron el chavismo desde el momento que se apreció el rumbo hacia el despotismo que había tomado el régimen.

Por supuesto que un número importante de políticos, activistas sociales, dirigentes gremiales y sindicales, también asumieron posiciones contrarias al chavismo. Hay que destacar que entre los políticos había personas y organizaciones que habían militado en la extrema izquierda, en grupos extremistas de derecha, pero la mayoría eran genuinos demócratas.

Igualmente, militares activos y en condición de retiro expresaban sus desacuerdos con el gobierno y la concentración de poderes que estaba teniendo lugar en el ejecutivo.

Aunque el gobierno había perdido mucho apoyo, incluido en el sector obrero, todavía conservaba una base amplia en los sectores más humildes del país. El discurso clasista, divisivo, promotor de odios y revanchas en la sociedad se agudizaba.

El régimen fue montando las bases para instrumentar una política clientelar que favorecía a los sectores más humildes, sin

---

[112] "Es que la calle no es subversiva la protesta por tus derechos no es subversión, es un derecho reconocido en la constitución. Otro error es el 350 de la Constitución dice que la Constitución avala y te exige que tú hagas valer los derechos ciudadanos y que si hay un presidente que te lo está violando tienes todo el derecho constitucional de exigir su salida y resulta ser de que no lo están haciendo. En la mesa principal nunca han hablado de eso, tampoco en su momento lo trató la Coordinadora Democrática". Eleonora Bruzual, periodista. Entrevista con el autor.

demandar de estos un compromiso laboral. Esta acción del gobierno hacía dependiente a los ciudadanos del estado, mientras otros ciudadanos se enriquecían como consecuencia de la extendida corrupción a niveles insospechados, lo que fue formando la llamada boliburguesia.

Tampoco en los primeros meses la oposición trabajó a fondo los sectores populares. Aparentemente daban por sentado de que todos los ciudadanos se percatarían de la verdadera naturaleza del nuevo régimen.

Al interior de la heterogénea coalición de gobierno, MVR, también se presentaron numerosos problemas, los que terminaron en separaciones de organizaciones y personas, en consecuencia, los militares aumentaron su poder en el gobierno, lo que Chávez vio con satisfacción.

Mientras Chávez aumentaba y fortalecía su control sobre las instituciones del estado y buscaba fórmulas para limitar las actividades de quienes le hacían oposición, procuraba de diferentes maneras proyectar hacia el exterior sus propuestas políticas e incrementar su influencia, particularmente en el hemisferio americano.

Una muestra de este esfuerzo fue su participación en la III Cumbre de las Américas que se efectuó en Canadá. El aspecto más importante de la parte política fue la preparación de la Carta Democrática Interamericana, la que fue objetada en una de sus partes por Venezuela.[113]

---

[113] "La delegación de Venezuela desea reservar su posición acerca de los párrafos 1 y 6 de la Declaración de Quebec, por cuanto a juicio de nuestro Gobierno la democracia debe ser entendida en su sentido más amplio y no únicamente en su carácter representativo. "Entendemos que el ejercicio democrático abarca además la participación de los ciudadanos en la toma de decisiones y en la gestión de gobierno, con miras a la construcción diaria de un proceso dirigido al desarrollo integral de la sociedad". Sigue la declaración, "Por ello, el Gobierno de Venezuela hubiese preferido, y así se solicitó en esta Cumbre, que en el texto de la Declaración quedase

La crisis de gobernabilidad se acentuaba, diversos sectores del país ante el autoritarismo del mandatario iniciaron un ciclo de manifestaciones que culminó en una huelga general, 10 de diciembre de 2001, en la que participaron como aliados la Confederación de Trabajadores de Venezuela y la entidad empresarial, Fedecámaras.

Las calles fueron la muestra más vivida de la crispación que vivía Venezuela. El país, dividido, salió a las calles a expresar su militancia, unos a favor del gobierno, otros contra el chavismo.

El grupo estatal Petróleos de Venezuela[114], el principal generador de riquezas del país, se convirtió en el objetivo más importante de los codiciosos burócratas chavistas, nombrando para su control una nueva directiva, decisión a la que se opusieron los altos ejecutivos de la entidad.

El 23 de enero del 2002 tuvo lugar una gran manifestación popular contra el gobierno, a la vez que un número importante de militares expresaban su desacuerdo con el régimen protestando en la Plaza de Altamira, Caracas.

Los factores más importantes que integraban la oposición, aunque vertical en su posición contra el chavismo, rechazaban todo tipo de acto violento contra el gobierno, lo que se reafirmó en marzo del 2002 cuando Carlos Ortega al frente de la CTV y Pedro Carmona, en representación de FEDECAMARAS, suscribieron un acuerdo ante representantes de la Iglesia Católica llamado "Pacto Nacional de Gobernabilidad" que tenía como fin buscar una salida democrática y constitucional de Chávez del poder.

---

reflejado expresamente el carácter participativo de la democracia".
[114] "Un comunicado que salió el 27 de febrero del año 2002 que se llamó Salvaguarde a PDVSA, firmado por vicepresidentes, directores y gerentes generales de la empresa, en función de poner los argumentos de por qué se protestaban las acciones del gobierno y lo que implicaba que la Empresa fuera politizada". Horacio Medina, entrevista con el autor.

La oposición venezolana adquirió niveles de masividad. Amplios sectores del país se sumaron a las protestas, que eran representativas de todos los sectores sociales. Las manifestaciones contra el gobierno eran genuinas y espontáneas.

El rechazo al régimen era real, la huelga general inevitable, más que una convocatoria era el sentir de una gran parte del país que consideraba de suma importancia el cambio de gobierno[115].

El 11 de abril[116] las calles fueron escenarios de marchas multitudinarias y de enfrentamientos. Las protestas eran

---

[115] Horacio Medina, experto petrolero, recuerda que el siete de abril el presidente Chávez despidió a siete gerentes de la empresa petrolera , lo que provocó, junto a otras circunstancias, la protesta masiva de la sociedad civil.

[116] "En efecto, la situación política al final del día 11 de abril era muy conflictiva. El Presidente de la República enfrentaba la mayor crisis de sus más de tres años de gobierno, la cual se agravó en la noche del jueves 11 de abril de 2002, luego de la jornada de paro nacional y de los trágicos sucesos que ocurrieron en la tarde. La manifestación que había sido convocada por todos los sectores políticos, organizaciones de la sociedad civil, sectores laborales y empresariales para el jueves 11 de abril de 2002 en horas de la mañana, resultó ser una de las concentraciones públicas más multitudinarias de la historia política del país.
Cuando llegó a la sede de PDVSA, espontánea y colectivamente se produjo su continuación hacia el Palacio Presidencial de Miraflores, en el centro de Caracas. Las consignas de respaldo a PDVSA se mezclaron entonces con la solicitud de renuncia del Presidente de la República, atravesando la manifestación toda la ciudad capital, la cual quedó ocupada por una masa humana en muchos kilómetros de avenidas. Al llegar a las inmediaciones del Palacio de Miraflores, resultaron quince personas muertas a bala y más de un centenar de heridos, en la que había sido durante todo el día una manifestación pacífica e, incluso, festiva.
Durante la tarde del mismo día jueves 11 de abril de 2002, sin embargo, el General en Jefe Lucas Rincón, Jefe del Alto Mando Militar en compañía de numerosos oficiales y en cadena de radio y televisión, había emitido un mensaje señalando que: "Se ha comentado que el Sr. Presidente de la República se encuentra detenido en Fuerte Tiuna o en Miraflores, lo desmiento categóricamente. El Sr. Presidente se encuentra en su Despacho. Desmiento categóricamente la renuncia del Alto Mando Militar."
Durante la noche del jueves 11 de abril de 2002, y como consecuencia de los hechos ocurridos durante la tarde, como se dijo, se produjeron las manifestaciones de desobediencia de militares, sin uso de las armas, contra la autoridad presidencial y del Alto Mando Militar, todas trasmitidas por televisión, de parte de altos oficiales de los diversos componentes de la Fuerza Armada (Ejército, Aviación, Armada y

ampliamente cubiertas por todos los medios de información a excepción de los oficiales, por lo que el presidente Hugo Chávez ordenó suspender las trasmisiones de televisión.

Hay que destacar que la caída de Chávez, independiente de la acción militar, fue la consecuencia de una magna manifestación de rechazo a su régimen. Las principales avenidas de Caracas fueron el escenario del descontento[117].

Centenares de miles de personas caminaron pacíficamente, hasta que chocaron con Círculos Bolivarianos, bandas armadas, estructuradas y financiadas por el gobierno.

El gobierno no se había cruzado de brazos, se preparó para reprimir y no dudó en hacerlo. Hubo fuertes enfrentamientos en

---

Guardia Nacional) .

Así, el Vicealmirante Héctor Ramírez Pérez, junto con otros oficiales, en mensaje al país "para evitar un derramamiento de sangre" señaló:"Hemos decidido dirigirnos al pueblo para desconocer al actual régimen de gobierno y la autoridad del Presidente Chávez y del Alto Mando Militar por contrariar los principios y garantías democráticas y menoscabar los derechos humanos venezolanos" .

Luego vino la manifestación del Viceministro de Seguridad Ciudadana, General Luis A. Camacho Kairuz, también por televisión, haciendo un "llamado al gobierno nacional para que renuncie ya". El Inspector General de la Guardia Nacional, General Carlos Alfonso Martínez, acompañado, entre otros, de los generales Rafael Damiani y Luis Camacho Kairuz que ya habían hecho manifestaciones públicas en contra del gobierno, también en mensaje televisivo, habló del uso indebido de la Guardia Nacional que enfrentaron la manifestación El General Efraín Vázquez Velazco, Comandante General del Ejército, acompañado de Altos Oficiales de ese componente, también en mensaje televisivo aclaró sobre el proceso de desconocimiento de la autoridad presidencial, que no se trataba de un golpe de estado o de una insurrección, sino de una posición de solidaridad con todo el pueblo venezolano, al cual pidió "perdón" por el atropello cometido". Fragmentos de " LOS SUCESOS DE ABRIL DE 2002 Y LAS CONSECUENCIAS DE LA RENUNCIA DEL PRESIDENTE HUGO CHÁVEZ FRÍAS A LA PRESIDENCIA DE LA REPÚBLICA". Por Allan R. Brewer-Carías Profesor de la Universidad Central de Venezuela Adjunct Professor of Law, Columbia Law School

[117] Ángela Zago."Hugo Chávez con los desastres que estaba provocando en el país logró que todas las fuerzas de la sociedad se integraran en su solo cuerpo hasta lograr su salida del poder". En Nombre de los Pueblos, los multiplicamos. Ángela zago.

los que francotiradores apostados en lugares convenientes dispararon contra los manifestantes.

Unas horas después, 12 de abril, y a través de diferentes medios de comunicación, aparecieron pronunciamientos militares de desobediencia al presidente Chávez. El general en jefe Lucas Rincón Romero[118] anunció por los medios la renuncia del Presidente[119].

Posteriormente Chávez fue arrestado y trasladado finalmente a la isla de La Orchila en el Caribe,[120] pero antes, según refiere el capitán Otto Gebauer[121], el presidente renunciante estuvo detenido

---

[118] Militar, político y diplomático venezolano. Fue general en jefe, ministro de la Defensa, actualmente está retirado. En la madrugada del 12 de abril, ante el golpe de estado del 2002, el gral. Rincón, a nombre del Alto Mando Militar venezolano, anunció que le habían solicitado la renuncia a Chávez, y afirmó que este había aceptado, lo cual fue desmentido posteriormente.

[119] "El presidente Chávez, renunció tres veces: la primera el 11 de abril a las 11 de la noche en presencia de los generales Luis Camacho Kairuz y Rafael Damiani Bustillo; la segunda por teléfono a las 3.30 de la madrugada al general Lucas Rincón quien hace pública la renuncia por televisión; la tercera fue en la Orchila el 13 de abril a las once de la noche en la que Chávez redacto un documento en la que cambia la figura de renuncia por abandono del poder."

[120] El autor. "Arribé a Caracas desde Miami el día 12 al mediodía. En el aeropuerto me esperaban Nelly Rojas y su esposo Pedro Morales. Mi primera visita fue a la embajada de Cuba en Caracas con el fin de entrevistar a un funcionario de esa delegación, lo que no fue posible porque rechazaron conceder la entrevista. Posteriormente me traslade al canal de televisión Televen, donde me reuní con el general de la fuera aérea en condición de retiro Manuel Andara. Me llamó la atención de que los canales de televisión a excepción de Venezolana de Televisión, solo estaba trasmitiendo películas y cartones.

VTV tenía políticos y partidarios de Chávez arengando a los simpatizantes del régimen. Le comenté a Andara que me llamaba la atención de que no había políticos de la oposición expresando sus opiniones y puntos de vista sobre la situación del país. En las calles había manifestantes pro Chávez, recurriendo a la violencia y a la intimidación. También había protestas protagonizadas por personas contrarias al gobierno que eran amenazadas por grupos partidarios del régimen. Los periodistas que cubrían los sucesos también eran amenazados y algunos fueron golpeados. Cuando dos altos oficiales en diferentes oportunidades expresaron que había que mantener los logros de la Revolución, le comenté a Andara que en la madrugada Chávez estaría de nuevo en el poder, cosa que ocurrió".

en el ministerio de la Defensa y contó con toda la protección necesaria al igual que su familia[122].

En el Palacio de Miraflores juraba como presidente el dirigente empresarial Pedro Carmona[123]. Sobre el breve mandato de Carmona comenta el profesor y analista Aníbal Romero, *"Un gobierno de transición, instaurado inicialmente con el beneplácito de la Fuerza Armada, y encabezado por un hombre, Pedro Carmona, ampliamente respetado por su decencia y probidad, tomó de la manera más sorprendente y absurda un rumbo represivo y autocrático, procediendo a desmantelar por decreto todos los poderes públicos y a perseguir indiscriminadamente a personeros del régimen chavista, sin consideración a las leyes y al respeto de los derechos humanos. De este modo, el gobierno provisional despilfarró en cuestión de horas su imagen ante el país y el mundo, y abrió las puertas, ante la amenaza de la anarquía, al retorno de Chávez al poder con la anuencia militar".*

Romero atribuye a los errores de la oposición y no a la habilidad y capacidad de los partidarios de Hugo Chávez que el gobernante depuesto regresara el poder "La reconquista de la presidencia por parte de Chávez, quien al ser depuesto se había resignado a su salida del país, se debió mucho más a los errores de sus adversarios que a sus virtudes o a la fortaleza de su apoyo. Ocurrió una de esas coyunturas históricas en que los desatinos de algunos personajes

---

[121] "Yo lo vi llorar." Capitán Otto Gebauer. Condenado a 12 años de prisión, acusado de haber privado de su libertad a Hugo Chávez. Agustín Blanco Muñoz. Cátedra Pio Tamayo. Caracas 2009.

[122] Según describe el capitán Otto Gebauer en "Yo lo vi llorar", Hugo Chávez estaba a la espera de ser conducido a Cuba ya que él lo había solicitado en más de una ocasión.

[123] "Constitución está viciada de nulidad absoluta, por eso cuando Carmona llegó al poder lo que debió hacer fue anular la Constitución o declararla inexistente, viciada de una unidad absoluta y volver otra vez a reiniciar un proceso constituyente. Todo lo que se había hecho en Venezuela era ilegal". Gisela Parra, ex presidenta del Consejo de Judicatura de Venezuela. Entrevista con el autor.

juegan un papel decisivo, transformando lo que por momentos fue sentido por una gran parte de la sociedad venezolana como el comienzo de un rumbo de esperanza en una aplastante ola de frustración. Pero no cabe equivocarse: la salida de Chávez fue, en una primera etapa, el resultado de una rebelión amparada constitucionalmente, en vista de la masacre que condujo a su deslegitimación. Las torpezas posteriores del gobierno provisional le resucitaron".[124]

En la madrugada del 14 de abril Hugo Chávez[125] estaba de nuevo en el Palacio de Miraflores[126]. Minutos después se dirigió al país en cadena de radio y televisión con una imagen de Cristo en la mano que besaba con frecuencia, seguía fingiendo ser un fiel devoto

El presidente intentó ser conciliador. Una propuesta de borrón y cuenta nueva. Exaltó la Constitución. Dijo no sentir rencor, hizo un llamado a la calma y pidió a todos los venezolanos que regresaran a sus casas.

Le pidió al país unidad, a la vez que prometía rectificar y gobernar con y para todos los sectores de la población. Promesa que, por supuesto, nunca pensó cumplir. La crispación social se acentuó y el despotismo se hizo cada hora más evidente y agresivo.

---

[124] Aníbal Romero es profesor de Ciencia Política en la Universidad Simón Bolívar.

[125] Según describe el capitán Otto Gebauer en Yo lo vi llorar, nunca se produjo una operación de rescate de Hugo Chávez. El retorno de Chávez a Caracas y en consecuencia a la presidencia, fue el resultado de negociaciones consecuencia de la mala gestión del mandatario provisional Pedro Carmona.

[126] Uno de los artífices del retorno de Hugo Chávez al poder fue el general Isaías Baduel, a cargo de la base militar de la ciudad de Maracay. Baduel, nombrado posteriormente comandante general del Ejército de Venezuela y ministro de la Defensa, fue encarcelado en el 2009 acusado de corrupción y cumplió vario años de cárcel. Baduel siempre ha negado los cargos y afirma que es consecuencia de su oposición al régimen del presidente Chávez.

Una de las primeras acciones de Chávez cuando se encontró en Miraflores fue establecer contacto telefónico con Fidel Castro en La Habana. Ambos autócratas conversaron ampliamente y se felicitaron mutuamente, la alianza entre los dos regímenes había salido fortalecida de la crisis.

CAPITÚLO X

El despotismo electoral chavista.

Hugo Chávez ha demostrado que el despotismo electoral es la fórmula política más productiva en el siglo XXI entre los gobernantes que tienen una clara vocación autoritaria, pero que gustan vestir su liderazgo con la legitimidad que confiere el voto.

En el Siglo XX, cuando la tecnología de la información estaba en pañales, la práctica para aparentar que el Jefe de Gobierno era un demócrata respetuoso de las leyes, pasaba por la compra de votos, el robo de las urnas electorales o simplemente un conteo fraudulento que favorecía el candidato que amparaba el gobierno.

Aunque en la actualidad esa fórmula no se ha erradicado por completo, se utilizan otros métodos más sofisticados que permiten encubrir con más eficiencia los fines de aquellos que a la vez que buscan el poder absoluto, intentan perpetuarse en el poder.

Uno de los métodos usado es la modificación a conveniencia de los padrones electorales, conceder a extranjeros partidarios del proyecto documentos que lo acrediten como nacionales o reprogramar las computadoras para que alteren el voto emitido.

Otro avance hacia el control político es la reestructuración de los poderes públicos, establecer lo que algunos califican de dictadura institucional.

Juntos a las promesas de reformas radicales, se suma la vulgar compra de favores y la no menos prosaica corrupción.

El primer paso es una Asamblea Legislativa, preferiblemente unicameral, en la que la facción despótica actúa como aplanadora de una eventual oposición, y así legislar con la legitimidad que confiere el voto, contra el pueblo que le favoreció.

El control del poder Judicial es fundamental para que el Gobernante pueda actuar en el marco legal. La capacidad de nombrar magistrados incondicionales, la posibilidad de desacreditar y posteriormente relevar a los sediciosos es determinante. Jueces sujetos al Proyecto que encuadren en la legalidad vigente las pretensiones del Conductor, son aspectos que permiten conservar el matiz democrático del gobierno.

Una estructura que merece especial atención son las fuerzas armadas. El discurso es de extremo nacionalismo. Refundacional. Glorificador del rol de los militares. Promesas de reformas institucionales, modernización de la técnica de combate, junto a la sensibilización del cuerpo armado con los históricos problemas de la sociedad de la que proceden. Prebendas, favores, privilegios y honores también integran el cóctel.

La intervención del organismo electoral es importante porque debe interpretar la reglamentación electoral a favor del Mentor, e implementar nuevas legislaciones y disposiciones según convengan a este.

A la sociedad civil, compleja y rica en expresiones, el modelo que promueve Chávez le presta una atención y cuidado especial, aunque en determinados casos aplica otros métodos y tiene mayor flexibilidad.

En los primeros tiempos no se puede ser brusco, acosar y menos reprimir, si se quiere aparentar legitimidad, pero sí hay que sembrar desconcierto y dudas en sectores y personalidades que por diferentes motivos pueden estar identificados o inclinados a la propuesta pero que en principio lo rechazan.

Cada entidad ajena al gobierno merece un trato único.

Sindicatos y colegios profesionales deben ser reinventados. Es importante captar sus líderes y ajustar sus fines, pero si no es posible hay que desacreditarlos, destruirlos moralmente. Han de constituirse instituciones paralelas devotas del gobierno, listas para servir como instrumento y fundamento de la nueva sociedad.

Estos nuevos déspotas no tienden a la falsa austeridad de sus predecesores del socialismo real, ni sufren del fanatismo doctrinal de aquellos. Gustan del lujo y del confort, por lo que prefieren crear una clase empresarial parásita y dependiente del estado, que cuando llegue el momento puedan enfrentar las corporaciones empresariales y gremios del ramo, que chocan con el proyecto económico gubernamental.

Esto no impide la confiscación y estatización de aquellos sectores de la economía que el Poder pueda valorar como estratégicos pero, por lo regular, habrán excepciones, no buscan el control económico total, salvo en la medida que les permita mantenerse en el poder. Esa es una de las diferencias claves entre el Socialismo Real y el del Siglo XXI.

Los medios de comunicación ejercen una atracción que es fatal para los profesionales de la comunicación. Son a la vez el personaje de la noticia, y su intérprete. Reproducen aquel viejo dicho de que el individuo era tan protagonista que en el funeral quería ser el muerto, pero también el que despidiera el duelo. Les place ser tratados como estrellas de espectáculos y actuar como tales. En su definición del poder la comunicación directa y masiva con la población es vital, y por eso conducir sus propios programas de radio y televisión es de gran urgencia.

Controlar los medios de comunicación es un objetivo clave en la práctica del poder. La confiscación de los medios es un recurso, pero el preferido es incorporarlos al Proyecto. La prensa "viste" de democracia, y un periodismo cipayo es el traje de gala de la dominación.

La corrupción del entramado gubernamental y de los empresarios afiliados al régimen es crónica, como se ha apuntado con anterioridad, pero lo extremadamente perjudicial para el futuro del país, es que esa lacra la extienden al resto de la población, ya que el funcionario más humilde procura sacar los mayores beneficios posibles de la gestión que realiza o de los bienes que maneja. El resto del pueblo también es presa de este problema.

El narcotráfico, [127]al igual que la corrupción cuando la manejan los gobiernos, tiene el doble propósito del enriquecimiento ilícito, pero también el de la desmoralización de los partidarios y de la sociedad en su conjunto. Ambos son instrumentos útiles para controlar el poder y tener servidores incondicionales.

La corrupción bajo el chavismo fue notable, pero los actos de corrupción bajo su sucesor, Nicolás Maduro, superan ampliamente todas las actividades de corrupción que pudiera haber existido en los diferentes gobiernos de Venezuela en toda su historia.

---

[127] Desde 1993 un grupo de oficiales de las fuerzas armadas de Venezuela ha estado siendo acusados de integrar una banda que trafica con drogas, identificada como el Cartel de los Soles. En el presente, Diosdado Cabello, presidente del Parlamento Nacional, está señalado como el individuo que dirige esa organización. "Estados Unidos está investigando a media docena de altos funcionarios de Venezuela, incluido el presidente de la Asamblea Nacional, Diosdado Cabello, por presunto narcotráfico y lavado de dinero, afirma el diario *The Wall Street Journal*. La investigación, en manos de fiscales federales de Nueva York y Miami y en la que participa una unidad de élite de la agencia antidrogas (DEA), llevaría más de dos años en marcha preparando los casos contra Cabello y otros altos dirigentes apoyada en declaraciones de extraficantes, militares desertores y antiguos informantes próximos a las autoridades venezolanas". El País. Mayo/2015

CAPÍTULO XI

Hitos en el control electoral del chavismo

Vencer el ventajismo electoral de un movimiento populista con vastos recursos es un reto muy difícil de superar, porque junto al control sobre las instituciones del estado que ejerce el ejecutivo, hay que sumar su capacidad de intimidación sobre la clase empresarial y las posibilidades de comprar voluntades con los recursos públicos.

Estos regímenes, a pesar del despotismo, abuso de poder y el permanente descredito de todos los que se le oponen, tratan de no descuidar la legalidad y, en consecuencia,

procuran controlar cada uno de los órganos del estado.

Procuran hacerse de un instrumento político poderoso que se nutrirá de las arcas del estado, en Cuba fue el Partido Comunista; en Venezuela, Hugo Chávez fundó el Partido Socialista Unido de Venezuela, que concentra todas las fuerzas afines a su proyecto e intereses y que puede controlar en base a sus necesidades.

Del PSUV dijo Chávez "necesita una conducción única, que apuntemos todos en la misma dirección. Necesitamos un instrumento político que una voluntades y que no se desgaste en luchas intestinas"[128]. Contradictoriamente, mientras Chávez exhortaba a crear un partido democrático, reafirmaba su voluntad de practicar el mal llamado centralismo democrático en la organización partidaria que estaba constituyendo.

El control de los poderes públicos les asegura las reformas constitucionales que sean necesarias para seguir gobernando en un marco de legalidad, lo que les concede de parte de la comunidad

---

[128] El discurso de la unidad. Hugo Chávez.15 de diciembre del 2006.

internacional una especie de impunidad para continuar violando los derechos ciudadanos como en cualquier régimen dictatorial impuesto por la fuerza.

El autoritarismo competitivo, como identificaran esta fórmula Steven Levitsky y Lucan Way, en apariencia cumple los requisitos de la democracia occidental y electoralista, es en realidad una eficiente herramienta que permite al gobernante promover elecciones plurales y multipartidistas, con fuertes garantías de permanecer en el poder porque, entre otros factores, cuenta con el respaldo de los supuestos árbitros electorales.

Los partidos políticos no desaparecen, pero el ejecutivo recurre a todas las estrategias legales posibles para limitar su capacidad de gestión y en particular la de los líderes de la oposición. Como señalan Levitky y Way, hay competencia, pero las reglas establecidas son contrarias a quienes desafíen el ejecutivo.

No obstante, hay aspectos que este tipo de régimen no atiende como debería, al menos los implantados en Venezuela, Ecuador, Bolivia y Nicaragua, y es que no han impulsado y prestado el apoyo necesario a los movimientos de masa, tal y como hizo el socialismo real, un aspecto que copió a la perfección la dictadura carismática de Fidel Castro.

El chavismo, a pesar del populismo que promueve, no ha impulsado la creación de poderosas organizaciones de masa que por su gran capacidad de movilización -siempre cuentan con el respaldo económico y logístico del ejecutivo- podrían ser en un momento de crisis la primera línea de confrontación contra los sectores descontentos.

Las organizaciones de masa afines al poder no tienen gran relevancia y el Partido de gobierno es en realidad una cúpula que congrega a un grupo de individuos, mas por intereses que por ideales, aunque estos están presentes en algún que otro cacique.

El no haber trabajado en el desarrollo de organizaciones no gubernamentales que se identifiquen con el proyecto, ha sido un error del chavismo en particular y esa es parte de su debilidad.

El régimen no ha sido capaz de construir un entramado sindical fuerte, capaz de movilizar a sus partidarios. Tampoco lo ha podido hacer con los colegios profesionales.

Los centros universitarios, a pesar de las presiones, conservan una relativa independencia y los estudiantes, en consecuencia, actúan por propias iniciativas.

El régimen centra su estrategia hacia la masa en faraónicos proyectos sociales en los que por falta de un control adecuado se despilfarran los bienes del estado lo que genera una burocracia con un alto índice de corrupción y una clientela entre la ciudadanía que cada día es más dependiente de la voluntad de los que están al frente del gobierno.

Lo fundamental para la continuidad de este tipo de gobierno es el control de las instituciones del estado como se apuntó con anterioridad. También el acceso sin restricciones a los bienes públicos y los recursos legales suficientes para proceder con cualquier pretexto a la expropiación o confiscación de bienes privados, pero sin promover la lucha de clases, porque no son contrarios al enriquecimiento lícito o ilícito de sus partidarios.

La economía independiente no supone un riesgo para este tipo de gobernante salvo que el empresario actué como opositor. La lealtad al régimen hace posible que un empresario fracasado, de la noche a la mañana, posea una cuantiosa fortuna.

El autoritarismo competitivo es difícil de vencer, sin violentar la legalidad impuesta por los déspotas. La mesa ha sido servida por estos dictadores de nuevo cuño que recurren a las elecciones para validar su autocracia, como señaló Hans Kelsen[129], "elecciones y plebiscitos tienen como único objetivo ocultar el hecho de la dictadura".

A continuación alguno de los aspectos de mas importantes de los mandatos de Hugo Chávez Frías.

1999. Asume la primera magistratura del país y declara estar jurando sobre una constitución moribunda. Inmediatamente inició una campaña para promover la convocatoria a una nueva constituyente.

2000. En las elecciones presidenciales de este año Chávez fue ratificado con cerca del 60% de los votos, como se señaló con anterioridad.

En las elecciones parlamentarias obtuvo la mayoría absoluta, 99 de 165 escaños, lo que le dio facultad para gobernar por decretos, lo cual generó más críticas en su contra.

Este mismo año Chávez planteó un referendo para reorganizar las centrales de trabajadores tratando que sus partidarios asumieran el control de los sindicatos, con el objetivo de desplazar la dirigencia del movimiento obrero organizado que en su mayoría le era hostil. La propuesta obtuvo el apoyo de la mayoría pero cuando se efectuaron las elecciones sindicales, su gobierno sufrió la primera derrota electoral, por este resultado las centrales sindicales permanecieron bajo el control de la oposición.

2004. Referéndum Revocatorio. Fueron unos comicios especiales en el que por medio del voto los electores determinarían si Hugo Chávez permanecería o no gobernando el país.

La oposición tuvo que presentar más de tres millones de firmas para avalar el referendo revocatorio. Fue un proceso largo y complicado durante el cual el gobierno recurrió a muchas

---

[129] Jurista austriaco, autor de varios libros, entre ellos Teoría general del derecho y del Estado, Imprenta Universitaria, México, D. F., 1949

maniobras dilatorias y entorpecedoras para dificultar el propósito de la oposición.

Para sacar a Chávez del poder la oposición debía superar los 3 millones setecientos mil votos, un número igual o superior a los obtenidos por el presidente en los comicios del año 2000.

Los observadores internacionales certificaron que el proceso había sido transparente pero amplios sectores de la oposición desde el primer momento declararon que había tenido lugar un fraude electoral[130].

Después de la publicación de los resultados hubo demostraciones anti-chavistas en Caracas y otras ciudades.

En la mañana siguiente al referendo un grupo de opositores se concentró en la Quinta Unidad[131] demandando la organización de protestas públicas, partiendo posteriormente hacia la plaza Altamira, donde partidarios del gobierno en motocicletas dispararon contra los manifestantes asesinando a una mujer, Maritza Ron Diez, e hiriendo a varias personas, entre ellas un diputado a la Cámara.

---

[130] "Se confió quizás mucho, pero no fue tanto en el chavismo. En el referéndum revocatorio, esto ha ocurrido en otras ocasiones, pero en particular en ese referéndum, las garantías que estaban dando tanto el Centro Carter como José Obdulio Gaviria, secretario general de la OEA, eran muy fuertes. Ellos también insistieron en que se aceptaran las garantías del chavismo, todo esto debilitó la vigilancia de la Coordinadora, también debilitaron la participación de la gente, porque no fue tanto que se confió en el chavismo sino que se confió en los garantes internacionales, de esa elección". Profesor Vladimiro Mujica.

[131] El autor fue testigo de las protestas en la Quinta Unidad y como los manifestantes demandaban al liderazgo de la oposición organizar una marcha multitudinaria para denunciar el gobierno. Ningún dirigente importante de la oposición se incorporó a la protestas, El autor en su condición de periodista, acompañó a los manifestantes hasta la Plaza Altamira donde se encontraba cuando se produjeron los disparos que ocasionaron la tragedia. Posteriormente en compañía del general en condición de retiro Manuel Andara visitó en el hospital al diputado, Ernesto Alverenga, que resultó herido junto a otras cinco personas. herido.

El gobierno de Hugo Chávez reprimió de diferentes maneras a los que participaron en el referendo en contra de su mandato. Hubo casos de persecución política, acosos en los centros de trabajo gubernamentales contra los opositores, despidos de empleados públicos, en particular en PDVSA, que fueron ordenados por el propio Chávez.

El presidente fue ratificado en el cargo, lo que repercutió negativamente en la capacidad operativa de la oposición.

Posteriormente, 31 de octubre, se efectuaron elecciones para gobernaciones y alcaldías del país, las que ganó el oficialismo, aunque una vez más dirigentes de la oposición denunciaron que el voto popular no había sido respetado porque se había cometido otro fraude.

Los resultados de las elecciones para gobernadores y alcaldes de octubre de 2004 favorecieron a los partidos oficialistas, ganando el chavismo 22 de 24 gobernaciones. Solo los estados Zulia y Nueva Esparta quedaron en manos de la oposición. En otros estados la victoria oficialista fue muy apretada, una vez más la oposición denunció fraude de parte del gobierno, lo que los observadores internacionales no reconocieron.

2005. Elecciones para Concejales. Este año se efectuaron comicios para elegir concejales, miembros de las juntas parroquiales y varios alcaldes.

La participación de candidatos de la oposición fue limitada, porque varios candidatos y agrupaciones decidieron no concurrir a los comicios.

El gobierno maniobró eficientemente para afectar las posibilidades de triunfo de los grupos minoritarios, mientras la mayoría de las organizaciones opositoras de importancia optaron por llamar a sus electores a la abstención.

Este mismo año tuvieron lugar elecciones al Parlamento Nacional[132], 167 diputados, también diputados al Parlatino[133] y al Parlamento Andino[134].

La abstención fue de un 75% de los votantes inscritos, ligeramente superior al promedio histórico para este tipo de comicios.

La oposición, alegando falta de confianza en la neutralidad del Consejo Nacional Electoral,[135] decidió no participar en la contienda.

El presidente reaccionó con virulencia, repitió sus acusaciones de que la oposición era un instrumento de Estados Unidos y declaró que el gobierno de ese país auspiciaba un golpe de estado electoral.

El resultado final fue que todos los escaños de la Asamblea Nacional fueron ocupados por partidarios del gobierno.

---

[132] La oposición decidió no participar en estos comicios, lo que considero fue un gran error. Los espacios de lucha pública no se entregan. Thays Peñalver. Entrevista con el autor.

[133] El Parlamento Latinoamericano (Parlatino) fue creado el 10 de diciembre de 1964 por la Declaración de Lima, se institucionalizó posteriormente el 16 de noviembre de 1987 en la ciudad de Lima, Perú. Es un Organismo Intergubernamental de carácter regional permanente y unicameral. Está integrado por los congresos y asambleas legislativas nacionales de Iberoamérica electas democráticamente. La sede permanente está en Panamá.

[134] El Parlamento Andino es el órgano deliberante y de control de la comunidad de naciones del mismo nombre. Constituido el 25 de octubre de 1979 en La Paz, a través del Tratado Constitutivo suscrito por los cancilleres de Bolivia, Colombia, Ecuador, Perú y Venezuela. Entró en vigencia en enero de 1984. La sede está en Bogotá, Colombia. Los estados miembros en el presente son Bolivia, Colombia, Ecuador y Perú.

[135] El CNE había determinado el uso de máquinas capta huellas y de cuadernos electrónicos en los comicios, prácticas que la oposición rechazaba. Ana Mercedes Díaz, en su libro, "Debemos Cobrar", afirma que ninguna de las 6,540 maquinas usadas en los comicios fueron auditadas por la oposición, lo que permitió que el gobierno, por falta de control, manipulara más de dos millones de votos.

2006. Elecciones Presidenciales. En estos comicios se presentaron 22 candidatos a la presidencia, según informó en su momento el Consejo Nacional Electoral.

Del total de postulados, 8 de ellos presentaron su renuncia antes de las elecciones, quedando en la carrera a Miraflores 14 aspirantes.

El candidato oficialista fue el presidente Hugo Chávez, el aspirante con más posibilidades de la oposición resultó ser Manuel Rosales[136], a la sazón gobernador del estado del Zulia, quien se separó del cargo de forma temporal para la campaña a la presidencia.

Se presentó una propuesta de presentar un candidato único pero varios de los aspirantes rechazaron la idea, no obstante, después de varias gestiones, se fijó una fecha para unas primarias que nunca se realizaron, porque varios de los candidatos de mayor popularidad renunciaron a la aspiración presidencial.

Se produjeron varias reuniones entre los candidatos restantes hasta que fue anunciado como postulante único de la oposición a Manuel Rosales.

En los comicios el mandatario fue reelecto para un segundo periodo de seis años.

Varios sectores acusaron al gobierno de haber cometido fraude, pero el que fuera abanderado de la oposición, Manuel Rosales, admitió la victoria de Chávez, aunque dijo que el margen de diferencias en el conteo de votos era más pequeño que el que el Consejo Nacional Electoral había informado.

---

[136] Manuel Rosales, 1952, político venezolano. Fue alcalde la ciudad de Maracaibo (1996-2000), Gobernador del estado Zulia (2000-2008) y nuevamente Alcalde electo de Maracaibo para el período 2008-2012. Actualmente se encuentra en Perú, a donde viajó luego de que se le abriese un proceso judicial que él ha calificado de ser una "persecución política" ordenada por Hugo Chávez.

Después de la victoria, Chávez prometió acelerar la implementación del Socialismo del Siglo XXI, a la vez que impulsaba un proyecto de reforma a la constitución que tenía como fin fortalecer el estado.

2007. Reforma constitucional. En los comicios para determinar si se reformaba o no la constitución en la que el gobierno, entre otras cláusula, incluía la reelección presidencial indefinida, la voluntad popular se manifestó en contra del oficialismo[137].

Según analistas, hubo una alta abstención de parte de partidarios del gobierno y una mayor presencia de la oposición, lo que no dejaba de ser un cambio en la participación en los comicios.

El gobierno fracasó por un margen de menos del 1 por ciento. El número de participantes fue menor al de otros comicios, y los "pro" sumaron tres millones menos que los votos obtenidos por Chávez un año antes.

Entre los argumentos de los partidarios del NO estaban argumentos como que un estado socialista impediría el desarrollo y participación política de otras opciones ideológicas presentes en una sociedad democrática y que la discusión de la propuesta se ajustaba más a una asamblea constituyente.

Después del fracaso, Roberto Hernández, parlamentario del oficialista Partido Socialista Unido de Venezuela, dijo que la propuesta de reforma podía presentarse de nuevo, aunque en esa ocasión la iniciativa no podía partir del Presidente.

---

[137] "En el 2007 el movimiento estudiantil le ocasiona al gobierno de Hugo Chávez su primera derrota. El gobierno convocó a un referéndum para una reforma constitucional. El estudiantado organizó protestas que fueron exitosas y en consecuencia el gobierno perdió esos comicios. El estudiantado planteó una unidad orgánica. Nosotros somos partidarios de la lucha democrática día a día y no solo durante las elecciones". Nixon Moreno dirigente estudiantil exiliado, entrevistado por el autor.

2009. Referéndum para Enmienda Constitucional, se efectuó el 15 de febrero y el objetivo era aprobar o rechazar la enmienda a varios artículos de la constitución. Este fue el sexto referéndum convocado en Venezuela desde 1999, y el cuarto para tratar temas constitucionales.

Este Referéndum, también nominado como Referéndum Aprobatorio de la Enmienda Constitucional, testimoniaba que el presidente Chávez no cejaba en su empeño de producir cambios legales que le favorecieran en el ejercicio del gobierno y en el fortalecimiento del poder.

Por su parte, la oposición argüía que la consulta era ilegal, porque la propuesta había sido rechazada en el del 2007, y no era posible presentar otra reforma de la Constitución en un mismo período presidencial.

El propósito era la aprobación o rechazo de enmiendas constitucionales de los artículos 160, 162, 174, 192 y 230 de la Carta Magna, cuyo objetivo era el permiso para postularse a cualquier cargo de elección popular de manera continua.

El resultado fue favorable al oficialismo y Chávez pudo presentarse en las elecciones del 2012.

2010. Elecciones Legislativas Nacionales, la renovación de la Asamblea unicameral se realizó el 26 de septiembre. A diferencia de las elecciones legislativas anteriores, la oposición participó y logró un número importante de escaños, aunque el gobierno mantuvo el control de la Cámara.

Estos comicios se efectuaron bajo la vigencia de una nueva Ley Orgánica de Procesos Electorales[138] que había sido aprobada el año

---

[138] Uno de los aspectos más relevantes de esta legislación es que un partido puede obtener las dos terceras partes (2/3) de la Asamblea con el 50% de los votos. Como consecuencia de esta legislación, a pesar de que la oposición alcanzó el 51% del favor electoral, los partidos vinculados al gobierno obtuvieron más escaños en el Parlamento.

anterior por la Cámara, que a la sazón estaba compuesta exclusivamente por diputados del gobierno.

Estos fueron los primeros comicios en los que la oposición se presentó bajo la estrategia de la Mesa de la Unidad Democrática.

La coalición gobernante obtuvo 98 de los 165 escaños, mayoría simple, pero perdió la mayoría cualificada de dos tercios. La diferencia de votos entre el PSUV y la MUD fue inferior al 1%.

2011. El 5 de enero toman posesión los diputados electos en la Asamblea Nacional.

Los diputados del nuevo parlamento asumieron su curul en medio de tensiones entre partidarios y opositores al gobierno.

Un exguerrillero, Fernando Soto Rojas[139], partidario de Chávez, prácticamente desconocido de la opinión pública nacional, fue elegido presidente de la Asamblea Nacional.

Los nuevos diputados acudieron al palacio legislativo acompañados por sus partidarios, que realizaron coloridas manifestaciones en las que no se presentaron incidentes.

Se produjeron fuertes intercambios verbales entre los diputados, lo que evidenció como serían los debates en el nuevo Parlamento.

Los diputados gubernamentales gritaban "Somos mayoría" y "No volverán". Por su parte, el legislador de la oposición Alfonso Marquina, manifestó: "Ustedes dicen que son mayoría pero solo aquí, no en la calle (...) Su pretensión de discriminar a un pueblo que reclama y exige ha hecho que cada vez sean menos. El pueblo habló y va a seguir hablando".

---

[139] Recibió entrenamiento de guerrilla en Cuba. Desembarcó junto a cuatro guerrilleros cubanos y siete venezolanos en Machurucuto en la costa venezolana, el objetivo de contactar a una fuerza guerrillera que operaba en la región que trataba de derrocar el gobierno legítimo de Raúl Leoni.

El Parlamento saliente le confirió a Chávez poderes excepcionales para legislar por decreto durante 18 meses sobre cuestiones muy diversas. Fue una maniobra del Presidente para garantizar su control sobre el país.

Los diputados de la oposición rechazaron la ley porque consideraron que les limitaba las atribuciones para las cuales habían sido elegidos.

El presidente Hugo Chávez, en una de sus habituales maniobras populista no exenta de amenazas, planteó que había que pedirle al pueblo y que respetara a todos los diputados, porque eran electos, "pero eso sí, que ellos respeten las reglas del juego, porque si no, no puede haber juego sino guerra".

2012. Elecciones Presidenciales. Este proceso electoral se efectuó el 7 de octubre de 2012.

El presidente Hugo Chávez, enfermo de cáncer, se presentó como abanderado del Gran Polo Patriótico y Henrique Capriles Radonski[140], gobernador del Estado de Miranda, en representación de la oposición a través de la Mesa de Unidad Democrática, el proyecto unitario de la oposición que reunía a las facciones más importantes del país promotores de propuestas contrarias al chavismo.

Chávez obtuvo el 54,42% de los votos 7.444.082, mientras que Capriles se adjudicó el 44,97% de las papeletas 6.151.544. La participación alcanzó el 80,94%, lo que fue considerado un record histórico, la abstención fue del 19, 6 por ciento.

Chávez, a los 58 años de edad y enfermo de cáncer, alcanzaba su cuarto mandato consecutivo, después de sus victorias de 1998, 2000 y 2007.

---

[140] Capriles Radonski fue elegido en unas primarias en la que participaron otros cinco candidatos.

Fueron los primeros comicios en 14 años, que no contaron con la presencia de Hugo Chávez, quien se encontraba hospitalizado en La Habana para tratar el cáncer que padecía. Chávez designó como su vicepresidente a Nicolás Maduro, que había fungido como canciller de su gobierno por varios años.

Cuando la enfermedad del mandatario se agrava, decide, pasando sobre la constitución, designar a Maduro como su heredero político de quien escribe el profesor Asdrúbal Aguiar[141], "Desde la isla, justamente, atendiéndose a la voluntad testamentaria del hoy fallecido mandatario, expresada el 18 de diciembre, se organiza luego su sucesión; en proceso que comparten y del que hacen cómplices los aliados de este en América Latina. A la mejor manera del Bolívar de Chuquisaca, Chávez designa como heredero a Nicolás Maduro Moros, ciudadano de origen colombiano, formado durante su juventud en la Escuela de Formación Política de La Habana y quien la Cuba de los Castro conoce mucho antes que a su causante".

"No tiene relevancia, en suma, que este, Maduro, se haya sometido a un escrutinio electoral el pasado 14 de abril de 2013, en elecciones cuestionadas por la oposición democrática, por el Instituto de Altos Estudios Europeos, la Red Internacional de Universidades para la Paz, y hasta por el mismo Centro Carter…. Lo que cabe tener presente es que la ilegitimidad del nuevo gobernante venezolano proviene de los dos últimos golpes[142] que le asesta a la Constitución de 1999 el señalado Tribunal Supremo de Justicia.

"Llegado el 10 de enero de 2013, el presidente Chávez moribundo según unos, fallecido en La Habana a finales del año

---

[141] Obra citada.
[142] Según A.Aguiar en Venezuela de 1999 al 2012, bajo el mando de Hugo Chávez , se produjeron 180 golpes a la constitución dirigidos por el gobierno.

según otros- no acude al acto de su juramentación para el nuevo período constitucional. La Sala Constitucional, en sentencia del día anterior, se encarga de decir que este no requiere de juramento y puede prestarlo cuando a su arbitrio lo decida y agrega que al gobierno cuyo mandato fenece ese día de un modo fatal, según la Constitución, no obstante y por encima de esta, lo beneficia el principio de la continuidad administrativa. El Vicepresidente, Maduro Moros, por ende, sigue siendo tal y en tal calidad puede ejercer como Encargado de la Presidencia de la República".

Dos meses después se celebraron elecciones para gobernadores, las que ganó el oficialismo 20 de las 23 gobernaciones. Los comicios fueron un reto para la opositora MUD, pero también para el oficialismo, porque medirían su influencia en la masa gobiernista y su capacidad de control e influencia en la población. La abstención fue muy alta, contrario a las elecciones que se habían efectuado con anterioridad para presidente.

Capriles Radonski, líder de la oposición, resultó reelecto gobernador del estado de Miranda, pero la oposición perdió tres gobernaciones.

2013. Elecciones presidenciales, como consecuencia de la muerte del presidente Hugo Chávez y después de una situación muy compleja en los aspectos de la sucesión presidencial y según varios constitucionalista en violación de la Carta Magna, el poder electoral convocó a comicios que se realizaron el 14 de abril de ese año.

Nicolás Maduro fue el candidato oficialista, violando abiertamente los que prescribía la constitución nacional.

Las principales coaliciones que se presentaron en esta elección fueron el PSUV que apoyaba la candidatura de Maduro, designado por Hugo Chávez y Henrique Capriles Radonski, de la Mesa de la Unidad Democrática (MUD), candidato a la anterior elección, que había resultado el ganador en las elecciones primarias que la coalición opositora había realizado el pasado 12 de febrero del 2012.

Nicolás Maduro, según el Consejo Nacional Electoral, ganó los comicios con el 50.61 % de los votos, iniciando su mandato el 19 de abril de 2013 hasta la conclusión del periodo constitucional en el 2019.

Después de conocerse los resultados, el candidato opositor Henrique Capriles[143] dijo que el triunfo de Maduro era consecuencia de la manipulación de los votos y pidió a sus electores defender sus derechos, y participar en un acto frente a la sede Consejo Nacional Electoral para demandar el reconteo de todos los votos. Posteriormente suspendió el acto de protesta.

La periodista Eleonora Bruzual es una firme crítica de la forma en que Capriles Radonski realiza la campaña electoral. Opina que el candidato no dice siempre lo que piensa y que busca ser políticamente correcto y señala la conducta de Capriles durante una visita a la ciudad de Miami, " Henrique Capriles llegó a Miami Dade College disfrazado de Chávez. Hay que mantener los criterios, no se pueden hacer concesiones cuando uno defiende una causa. Uno no se puede tratar de parecer al enemigo para ganar votos".

El presidente electo acusó a la oposición de estar preparando un golpe de estado, una práctica regular de los dirigentes del denominado SSXXI que buscan con esas impugnaciones crispar aun más la sociedad y presionar a la oposición a defenderse y reiterar que es contraria a ese tipo de acción.

---

[143] "Henrique Capriles le ganó las elecciones a Maduro. Capriles abandonó el campo de batalla, nosotros no hemos sido contundentes en la lucha, sobre cada reto que se presenta tenemos que tener estrategias para ganar la confianza del pueblo desencantado". Gisela Parra, ex presidenta del Consejo de la Judicatura de Venezuela. Entrevista con el autor.

En conclusión, este tipo de impugnación conduce a la oposición a perder tiempo en defenderse y también a su división, porque siempre hay sectores que consideran innecesaria la contradenuncia y otros que favorecen cualquier acción que derrocara el régimen.

Este mismo año, diciembre, se celebraron elecciones municipales en las que los candidatos del chavismo obtuvieron 700,000 votos más que los aspirantes de la oposición agrupados en la MUD.

CAPÍTULO XII

Nicolás Maduro. Gobierno.

Hugo Chávez cometió numerosos errores, pero creó una clase política y económica que estaría eternamente agradecida a su memoria si no hubiera seleccionado a Nicolás Maduro como su heredero.

Maduro es un incapaz en toda la extensión de la palabra. Como presidente encargado incurrió en más pifias que Chávez en sus trece años de desgobierno, pero como candidato su conducta fue deplorable.

Sus declaraciones, propuestas y conducta, fueron un compendio de payasadas que sin dudas avergonzaron sus propios partidarios. Chávez incurría en muchas bufonerías y vulgaridades, pero era el líder indiscutible del proceso.

Es de suponer que sus rivales y adversarios en el estado mayor del chavismo, deben estar haciendo una excelente cosecha de sus errores, y preparando estrategias que les posibiliten desplazarlo en cuanto les sea oportuno sin que tal acción afecte la sobrevivencia del incomprensible Socialismo del Siglo XXI.

Por supuesto que quien muchos observadores de la situación de Venezuela presumen como el principal adversario de Maduro, Diosdado Cabello, es otro déspota del cual no se puede esperar que si asumiera el control del país el escenario cambiaría radicalmente.

Diosdado Cabello, en su condición de presidente de la Asamblea Nacional, actúa como un déspota sin pizca de tolerancia, lo que deja apreciar que sin importar tendencias, los caudillos del chavismo no respetan las diferencias ni aun dentro del gobierno o del propio partido.

No se puede descartar que al interior del chavismo se presente una lucha de extremos. Un populismo exacerbado que motive las pasiones más bajas entre sus partidarios. Ladrar alto, fuerte y morder con furia, son fundamentales para comandar una oligarquía política económica que no quiere perder los privilegios adquiridos a base de engañar y manipular a los que están a favor de una sociedad más justa.

También se ha podido valorar, tal vez más acentuada que en el pasado, el control que ejerce el ejecutivo sobre los poderes públicos.

El plan de Maduro es imitar a Chávez en todo y considera que para lograrlo, es primordial la procacidad en el trato y el lenguaje.

Por supuesto que la división que padece la nación venezolana no es exclusiva responsabilidad del flamante Presidente. Su predecesor fue un generador de tormentas sociales y un odiador de oficio.

Chávez fue el primer promotor de la intolerancia y sectarismo que sufre Venezuela. Sus discursos fueron agresivos y descalificadores de cualquier persona o institución que se opusiera a sus proyectos y su delfín simplemente ha actuado en consecuencia.

Fue Hugo Chávez hay quienes pretenden encontrar en el difunto virtudes que le faltan a Maduro quien con la complicidad de Nicolás, Cabello y otros muchos, incluyendo un amplio sector de las Fuerzas Armadas, condujo al país a niveles de corrupción, crispación social, inseguridad pública y una debacle económica que no tienen precedentes en el país.

Además, numerosos estudiosos de la situación venezolana opinan que si Nicolás Maduro ocupa en este momento la primera magistratura del país no es exclusivamente por consecuencia del fraude ni de los abusos de poder. Afirman que cualquier candidato oficialista habría ganado los comicios por el control que sobre los poderes del estado ejerce el ejecutivo.

No obstante, consideran que si Nicolás Maduro fue seleccionado como el candidato del chavismo en las elecciones fue porque los Castro lo impusieron, ya que en la opinión de La Habana, aparentemente, el gran elector, el único partidario del caudillo desaparecido que podía garantizar la continuidad de los cuantiosos subsidios de Venezuela a la isla era el antiguo canciller.

Venezuela está en la ruta de plagiar el totalitarismo cubano, pero para lograrlo requiere amedrentar y atemorizar al ciudadano en términos absolutos.

Precisa que el individuo se sienta obligado a mirar a su alrededor antes de expresar una idea u opinión. El sujeto se tiene que sentir amenazado, convencido que sólo podrá sobrevivir y librarse de la prisión si acata las disposiciones del gobierno.

El miedo es la herramienta más importante de los déspotas. Difundir inseguridad y temor en toda la sociedad es fundamental para una dictadura o para una autocracia.

El propósito es que el ciudadano reciba diariamente una muestra de lo que puede sucederle si no actúa como requieren las autoridades. Una receta que los déspotas consideran infalibles para conservar el poder.

Acusar a los sectores productivos de la falta de artículos de primera necesidad y de la inflación, es una estrategia a la que Maduro ha recurrido constantemente. Intentar convencer a la población, al menos a una parte, que los problemas del país es responsabilidad de los otros y no de quienes detentan el poder, es una fracción importante de la maniobra.

La represión y la intolerancia han sido componentes esenciales del proyecto político que auspició Hugo Chávez y que encarna en la actualidad Maduro, sin embargo, estos recursos no han sido utilizados hasta el extremo porque el régimen hasta ahora ha estado limitado en sus decisiones por su necesidad de mantener la ficción que los bolivarianos son demócratas.

No obstante, el lenguaje del déspota venezolano, cada vez más sectario, lleno de vituperios y descalificaciones, permite avizorar que la careta puede estar al desaparecer, porque para conservar el poder necesita establecer un rígido control social en el que los ya limitados espacios del disentir político se esfumarían por completo.

El gobierno de Maduro incentiva sin cesar el estremecimiento social. La lucha de clases. Los resentimientos y la envidia. Trata de propagar el sentimiento de indefensión ciudadana como si fuera una epidemia. Busca ejercer sobre el individuo un control total. Intenta hacer entender a las personas que el bienestar es proporcional a su lealtad.

Maduro ha acentuado su discurso populista y de nacionalismo extremo. Pretende, por medio de una presencia casi permanente en los medios de comunicación, convencer al país, en particular a los partidarios del chavismo, que Venezuela está amenazada y que es fundamental superar las diferencias para vencer al enemigo común.

Maduro, como lo hiciera en su momento Hugo Chávez, intenta interpretar a Venezuela. Denuncia supuestos complots contra la nación en los que afirma están involucrados gobiernos extranjeros y sectores nacionales.

Identificarse como la nación es un recurso al que los autócratas como el mandatario venezolano recurren con frecuencia.

Es evidente que el régimen enfrenta una crisis estructural que se fundamenta en los altos niveles de corrupción, la dilapidación de los recursos del país, la ineficiencia del aparato gubernamental y el reducido apoyo con que cuenta en la población.

El gobernante pretende aislar, por medio de una intensa y profunda campaña de descredito, a la clase política que le adversa. Criminaliza las protestas y las manifestaciones públicas en su contra con el objetivo de eliminar la capacidad operativa de la oposición.

El abuso de poder del gobierno venezolano se evidenció con la permanencia en prisión de Leopoldo López, el arresto de Antonio Ledezma[144], alcalde metropolitano de Caracas, y la declaración del gobernante de que en el país se habían acabado los intocables, una amenaza concreta contra todos los que cuestionen su administración.

El brutal arresto del Ledezma es mucho más trascendental que el de López, porque, entre otros factores, refleja la inseguridad del gobierno, una condición que podría convertir la detención del Alcalde Mayor de Caracas en el catalizador que agrupe más estrechamente a todas las partes que enfrentan el régimen.

La ruta de Maduro hacia la autocracia absoluta tiene grandes escollos, porque las condiciones imperantes en Venezuela y en el mundo, difieren mucho de las que hicieron posible que los Castro impusieran en Cuba un régimen totalitario.

Sin embargo, Maduro puede concluir que aunque la represión abierta y descarnada puede acarrear serios problemas a su régimen, lo más importante es conservar el poder, de ahí la posibilidad que la cúpula gobernante agudice la situación de caos que hace años sufre el país para justificar un golpe de militares bolivarianos que seguiría protegiendo una nomenclatura inepta y corrupta.

---

[144] Ledezma está acusado de participar en un plan para asesinar a Nicolás Maduro. También han sido señalados como parte del complot Gustavo Tarre Briceño y Henrique Salas Romer

Nicolás Maduro dejó entrever en una ocasión, en un embarazoso comentario, que había problemas internos de relativa gravedad a nivel de gobierno y partido al declarar "fuerzas disolventes pretenden incubarse desde dentro" y terminó, "Llamo a todas las fuerzas revolucionarias de la patria y a la lealtad conmigo como Presidente, llamo a la máxima lealtad, llamo a la máxima disciplina como el pueblo, como los humildes, como los trabajadores, como las mujeres, como la juventud que jamás dudó de Chávez".

Evidentemente ese comentario, como los que ha hecho sobre varios dirigentes de Partido Socialista Unido de Venezuela, que disienten de sus actuaciones de gobierno, evidencian que el proyecto enfrenta una crisis de la que puede sobrevenir su fin.

Por otra parte, tampoco se puede descartar que una bandada de gavilanes se imponga sobre la otra, y establezca en el país un régimen aun peor que el que vienen padeciendo los venezolanos desde hace quince años.

La situación generada por la destitución del ministro de Planificación, Jorge Giordani y la reacción del ex ministro de Educación y Energía Eléctrica, Héctor Navarro, a favor del primero, motivó que Navarro fuera suspendido de la directiva del partido de gobierno y pasado a un tribunal disciplinario, lo que acertadamente impulsó a ciertos sectores de la corriente chavista a comparar a Maduro con Stalin.

Sin embargo, hay que tener presente que los problemas del país no son exclusivos de la incapacidad de Maduro, sino por la acumulación de quince años de mala administración, abusos de poder, despilfarro y corrupción, que se originaron con Chávez, y en la que algunos de los que critican severamente la actual situación participaron, o al menos optaron por no querer ver ni escuchar como el país se hundía.

El problema de Maduro es que entre los partidarios del movimiento bolivariano hay quienes no le reconocen como un líder legitimo aunque él insista en titularse hijo del desaparecido golpista. La disidencia del PSUV se resiste a obedecer sus arbitrariedades, como aceptaron las de su predecesor, situaciones inexplicables de la condición humana.

Durante meses se ha estado especulando sobre los rivales de Maduro y quién puede ser en un momento determinado su némesis.

El favorito de muchos analistas para ese papel fue Diosdado Cabello, pero al parecer el presidente de la Asamblea Nacional respalda al mandatario porque ha manifestado: "Debemos estar preparados. Debemos defender no sólo las elecciones del PSUV, sino también hay que salir a defender la gestión del Gobierno de Nicolás Maduro y el legado de Hugo Chávez".

El que el presidente Maduro haya acusado a sus críticos de formar parte de una izquierda trasnochada deja espacios a pensar si los seguidores del chavismo, oficialistas o no, aparte de luchar por el botín, están enfrentando una crisis de identidad e intereses, tal y como ocurrió en Cuba en la década del 60 con la llamada micro fracción[145] comunista.

Hay que recordar que el régimen cubano dispuso la creación de una entidad que agruparía a todos los movimientos y organizaciones que se decían identificadas con la Revolución.

---

[145] Fue una purga al estilo soviético pero sin consecuencia de fusilados o disparos en la cabeza. Fueron encausados antiguos dirigentes del Partido Socialista Popular que criticaban al gobierno de Fidel Castro. El proceso terminó con dos suicidios, hombres y tres mujeres condenados a penas de hasta 15 años de prisión. La figura más notable en este proceso fue Aníbal Escalante, a quien señalaron como instigador de la conspiración. Por supuesto que Escalante se arrepintió, como es habitual en estos juicios. Es conveniente señalar que la razón y la justicia no asistía a ninguna de las partes envueltas en esta pugna, era una lucha por el poder.

Aquella entidad se llamó las ORI, Organizaciones Revolucionarias Integradas, posteriormente asumió una nueva identidad, el PURS, Partido Unido de la Revolución Socialista, curiosamente un nombre que se parece mucho al PSUV del chavismo.

En estos conflictos tiende a vencer quien tiene el monopolio de la fuerza, en particular el que maneja la policía política y a su vez controla el partido sobre el cual opera el gobierno, una situación que fue la que le permitió a Stalin eliminar a sus rivales más importantes, entre ellos León Trotski, y a Fidel Castro convertirse en el siervo más fiel de Moscú por encima de las cenizas del Partido Socialista Popular, que históricamente había sostenido con el Kremlin estrechos lazos de dependencia y sumisión.

No se puede descartar que Nicolás Maduro pretenda conducir a Venezuela al Socialismo Real, aunque la ruta para alcanzar esa meta transite por el caos social, del que podrían derivarse situaciones cruentas con consecuencias catastróficas para el país.

La anarquía inducida favorece al régimen. La agudización de las crisis le posibilita imponer controles más férreos en el aspecto económico y en el político. Un estado de mayor convulsión social justificaría vigilancias más estrictas y disposiciones que limitarían los derechos ciudadanos a niveles sin precedentes aun en los gobiernos bolivarianos.

Una especie de aviso de lo que puede ser el futuro para los venezolanos son las intensas campañas de descrédito patrocinadas por el gobierno contra los líderes de la oposición, y el hecho que las autoridades intimiden, limiten o clausuren con regularidad medios informativos, situación que se está presentando también en las redes sociales, en las que se informa, entre otros asuntos, sobre la cotización del dólar.

El gobierno de Venezuela, como nunca antes en el pasado, favorece la lucha de clases y la conflictividad social, al responsabilizar a los propietarios y a los políticos de la oposición de los problemas que padece el país, situación que conduce a la radicalización del proceso del que Maduro confía salir fortalecido.

Veamos. Los espacios de prensa libre se han reducido radicalmente. Las fuerzas gremiales y sindicales no tienen la relevancia del pasado. La presencia militar y burocrática del castrismo en las fuerzas armadas y los servicios públicos, es una copia al carbón de la soviética en Cuba a partir de 1960, fortaleciéndose en las décadas siguientes hasta la desintegración de la Unión Soviética.

Un aspecto en el que el modelo castrista es de esperar nunca sea copiado por los bolivarianos, es la economía.

En la isla desapareció la propiedad privada, mientras en Venezuela eso no será posible porque el régimen Chávez-Maduro, permite todas las formas de corrupción, ha creado una nueva clase de ricos que gustan mucho de los Rolex y Lamborghini.

Respetar y ayudar al enriquecimiento de la "burguesía orgánica"[146] es casi tan importante como controlar las instituciones del estado, los medios de comunicación y el alto mando militar.

Los nuevos ricos venezolanos no solo compiten en lujos y bienes con sus pares que les precedieron, sino que esperan que sus inmensos bienes les otorguen legitimidad más allá de la existencia del régimen que los creo.

No obstante, Maduro procederá contra la propiedad privada en la medida que esta sea independiente de su autoridad y apoye a

---

[146] Tal y como existen intelectuales al servicio y desarrollo de una ideología, en el SSXXI ha surgido una clase económica a la sombra del poder político, que depende de este para acceder a las riquezas e incrementarla.

los sectores de la oposición. La campaña contra la "especulación y el acaparamiento", está dirigida a los propietarios que no respondan al gobierno, incluidos los "nuevos ricos" que se atrevan a cuestionar las acciones de la cúpula del régimen.

Son muchos los factores que han determinado que Maduro busque "blindarse", entre otros, no contar con el apoyo popular que disfrutó Chávez, ni con el respaldo que el desaparecido comandante disfrutó entre los factores que conformaron el movimiento político que lo llevó al poder, una situación que obliga al gobernante a buscar diferentes mecanismos para proyectar su imagen y llenar el vacío dejado por el conductor desaparecido.

Maduro heredó de Chávez el control absoluto de las instituciones del estado, lo que permitió a la mayoría oficialista de la Asamblea Nacional, cumpliendo instrucciones de su presidente Diosdado Cabello, desaforar a la diputada Maria Corina Machado y alcanzar el número de votos necesarios para aprobar una Ley Habilitante qué según la legislación venezolana, confirió al Presidente la facultad de "decretos con rango, valor y fuerza de ley", una potestad que lo situó abiertamente por encima del resto de los poderes del estado.

Maduro, similar a lo que hizo Chávez en varias ocasiones durante sus mandatos, imita a los patricios romanos y procura legitimar la dictadura con el voto de los legisladores, un aval que supone le permite actuar sin restricciones y sin violar técnicamente las leyes del país.

Maduro hoy, Chávez ayer, al igual que Fidel Castro, el gran mentor de los tiranos, consideran que su voluntad e intereses son los de la nación y quienes se opongan a ellos están contra el pueblo, porque ellos son las únicas personas capaces de representar las necesidades y aspiraciones de todos los ciudadanos del país.

<u>**Cronología del mandato de Maduro.**</u>

Nicolás Maduro ha recurrido con frecuencia a la formula de culpar de los problemas del país a factores extranjeros y culpar a estos de estar involucrados en conspiraciones con la participación directa de sectores de la oposición a su gobierno.

Según este tipo de regímenes, los verdaderos culpables de los problemas que enfrentan sus administraciones son gobiernos extranjeros, entre los que regularmente destacan a Estados Unidos.

Un conflicto real o fabricado con un país extranjero, preferiblemente Washington, es un recurso muy útil para exacerbar el nacionalismo de toda la población y galvanizar a los partidarios.

Otra acusación sin ninguna originalidad es la de culpar a los productores privados de la escasez de productos básicos, cuando en realidad los problemas de abastecimientos son consecuencia de la ineficiencia de la burocracia gubernamental y de la profunda corrupción que abarca todas las instancias de un estado particularmente poderoso.

Una regla de oro en el plano económico cuando el deterioro del sector se agudiza, es incentivar el odio social culpando a los sectores productivos de la situación, en consecuencia se ordena la ocupación de industrias, almacenes o cualquier entidad que la autoridad considere oportuna a sus fines.

Esta crisis económica también tiene repercusiones políticas porque el gobierno central, en este caso Maduro, demanda del Parlamento poderes especiales que le conceden un mayor control del país. Es un ciclo que se repite y que tiene como fin disminuir al máximo las posibilidades de que la oposición y la sociedad civil puedan actuar en su contra.

La crisis social y política en el país se agudizó dramáticamente, lo que condujo a que desde mediados de febrero del 2014[147], varias de las principales ciudades del país fueran escenarios de grandes protestas que se originaron en demanda de mayor seguridad pública. Las manifestaciones derivaron en protestas políticas, porque los participantes y sus dirigentes responsabilizaban de la inseguridad ciudadana al gobierno.

El régimen acusó a varios líderes de la oposición, principalmente al dirigente del Partido Voluntad Popular, Leopoldo López, de propiciar la confrontación violenta con el propósito de desestabilizar el gobierno. Posteriormente López fue acusado y apresado, después de organizar un acto multitudinario para entregarse a las autoridades.

El gobierno de Maduro no cesa de maniobrar y para cubrir sus acciones represivas convocó a una Conferencia de Paz a la que no invitó a la oposición. Por su parte, su canciller inició una campaña internacional en la que responsabilizó de todo lo acontecido en el país a diferentes gobiernos extranjeros sin dejar de acusar a

---

[147] El 4 de febrero, en la ciudad de San Cristóbal del Táchira, se iniciaron unas protestas contra el gobierno de Nicolás Maduro por la falta de seguridad pública, pero también por la escasez de productos y la alta inflación. El día 12 las protestas se trasladaron a Caracas, pero ya tenían un franco carácter político, las manifestaciones eran dirigidas por líderes estudiantiles pero contaron con el apoyo de Antonio Ledesma, María Corina Machado, Leopoldo López y otros dirigentes políticos pero también de la sociedad civil. Todos interpretaban el amplio descontento popular contra el presidente Maduro. Las protestas se extienden a otras ciudades del país y se denuncia que las autoridades con sus acciones represivas están violando los derechos civiles de los ciudadanos, también se rechaza la injerencia del gobierno cubano en los asuntos venezolanos. A la par de las manifestaciones de oposición, el Gobierno convocó marchas a su favor en Caracas y en otras ciudades. Las manifestaciones y disturbios dejan un saldo de 42 fallecidos (oficialistas, opositores, funcionarios de la Guardia Nacional Bolivariana entre otros), más de 486 heridos y 1854 detenidos, según informe de la Fiscalía General de la República, mientras el Foro Penal Venezolano, una ONG,) denunció 33 supuestos casos de tortura. Hubo actos vandálicos contra bienes públicos y la existencia de bandas armadas motorizadas o «colectivos», partidarios del Gobierno, sus ataques causaron varios muertos en la oposición. Maduro, para limitar la divulgación de los acontecimientos, suspendió las trasmisiones de NTN24 y CNN,

diferentes intereses económicos y políticos, pero sin presentar ningún tipo de prueba que avalara la denuncia.

El gobierno recrudeció su ofensiva legal y mediática. Rompió relaciones diplomáticas con la República de Panamá por supuestamente este país inmiscuirse en los asuntos internos venezolanos, la realidad era que el país del istmo reclamaba el pago de una deuda millonaria que Caracas había demostrado no tener intención de saldar.

Maduro, como todos los traficantes de esperanzas, pretende resolver mágicamente los problemas del país y por medio de decretos y leyes que acrecientan el poder que detentan, Hugo Chávez recurrió también a esos métodos asegura que se saldrá de la crisis.

El presidente firmó después de las protestas de febrero, 28 nuevas leyes habilitantes con el fin de combatir lo que denomina la guerra económica contra su gobierno que según el mandatario es dirigida por empresarios y la oposición con el consabido respaldo de sectores extranjeros.

Posteriormente como parte de una maniobra dilatoria, el gobierno propuso un diálogo público con la oposición en el que mediarían tres cancilleres de la Unasur[148], una entidad hemisférica creada por Hugo Chávez en la que la influencia de Venezuela es determinante.

En el mes de mayo pasado Maduro declaró que había descubierto un complot en su contra en el que involucró a la ex diputada María Corina Machado, y a otros dirigentes de la

---

[148] Unasur, Venezuela y Samper." Los cuatro secretarios generales que ha tenido Unasur desde su fundación a la fecha, han sido políticos profesionales, con diferentes prontuarios, pero cuyas decisiones han favorecido a los gobiernos que integran el proyecto del SSXI, en particular el régimen venezolano". El Nuevo Herald. Abril del 2015. Pedro Corzo

oposición. Una vez más en el complot, según el régimen, estaban involucrados gobiernos extranjeros y políticos de otros países.

Otros complicados en la supuesta conspiración junto a Corina Machado, eran Pedro Burrelli, Diego Arria, Ricardo Koesling y varios ciudadanos más. Todos fueron citados para prestar declaraciones ante un tribunal.

Más información sobre esta supuesta conspiración fue suministrada por Jorge Rodríguez, Coordinador Nacional del Partido de gobierno. Este individuo había presidido en el 2004, por su "imparcialidad" al Consejo Nacional Electoral durante el referendo revocatorio del 2004 que ratificó a Chávez como presidente. Un tiempo después Chávez designó al "imparcial" Rodríguez vicepresidente ejecutivo de su gobierno.

Las supuestas pruebas de Rodríguez estaban en unos correos electrónicos que habían intercambiado los conspiradores. Posteriormente se dijo que la ex diputada había contratado un hacker para borrar las evidencias de su participación en el magnicidio, la respuesta fue prohibirle la salida del país a la ex diputada.

El presidente Maduro anunció que como consecuencia de la situación que enfrentaba el país, había tomado la decisión de radicalizar la política de su gobierno.

Por su parte, Cabello, en su condición de presidente del legislativo, presentó a la Asamblea una disposición de que los aspirantes a representar el país en el Parlamento Latinoamericano, Parlacen, no serían escogidos de forma directa como establece la ley, sino seleccionados por el Parlamento.

Una vez más el control de las instituciones autorizaba al régimen a violar la constitución descaradamente. Las leyes solo servían para proteger a los gobernantes y no al estado de derecho.

Los pretextos del gobierno para justificar medidas punitivas no han faltado. De nuevo en el 2015 Maduro denunció otra conspiración. En esta ocasión un avión Tucano, traído del exterior, sería usado en el golpe.

Maduro recurre a un método muy manido por los déspotas y es tratar de internacionalizar los conflictos del país. En esta ocasión acusó directamente a Madrid-Bogotá-Miami de estar organizando una "conspiración permanente", por supuesto, con el respaldo de la oposición interna.

La situación del gobierno de Nicolás Maduro es difícil. Agudos problemas sociales, incremento de la criminalidad, una corrupción generalizada que abarca todas las instancias del estado y que está presente en muchos sectores de la sociedad civil.

El Fondo Monetario Internacional informó que la contracción económica llegaría en el 2015 a 7% y que Venezuela podría ser el país que más sufra la caída de los precios del petróleo[149]. La inflación esta bordeando el 68.5 % y no se descarta que ascienda al 96,8 %, el déficit fiscal el FMI lo sitúa en el 20 % de PBI y el desempleo se espera alcance el 16 por ciento este año.

Numerosas organizaciones internacionales no gubernamentales, entre otras Human Rights Watch y Amnistía Internacional, han criticado al régimen de Nicolás Maduro por violar los derechos de los ciudadanos venezolanos, la Sociedad Interamericana de Prensa ha criticado al régimen por entorpecer la labor de los periodistas, poner límites a la libertad de expresión y hasta de dificultar la compra de papel para la impresión de los

---

[149] Alejandro Werner, economista jefe del FMI para América Latina, no duda que Venezuela sea el país que más sufre por la baja del petróleo. Asegura que de que cada disminución de $10 de los precios del acarrea un deterioro de la balanza comercial del orden de 3,5% de su PIB, un "impacto muchísimo mayor que para cualquier otro país de la región", asegura.

medios, estas críticas también se han extendido a situaciones que enfrentan la radio y la televisión.

Por su parte, la ONG Transparencia Internacional, en su reporte del 2014, dice que Venezuela es percibida como el país más corrupto de América Latina, ocupando el puesto número 161 entre las 175 naciones analizadas.

CAPÍTULO XIII

La oposición ante el chavismo.

El escenario que enfrenta la oposición venezolana, como se señaló anteriormente en este trabajo, es muy complejo, porque enfrenta un régimen legitimado por el voto, y que al tener el control de las instituciones del estado, cuenta con la capacidad de criminalizar a cualquier corriente opositora y a sus líderes.

El fortalecimiento y desarrollo de fuerzas con capacidad para enfrentar el despotismo electoral es muy espinoso, pero es aun más complicado si se busca vincular el trabajo electoral con protestas cívicas, una de las pocas fórmulas que pueden tener resultado en la confrontación no violenta con el despotismo.

Además, es un serio desafío para la oposición es conservar la unidad de objetivos y métodos, si se tienen en cuenta los diferentes segmentos que la componen, mientras el régimen, más allá de las eventuales diferencias que puedan existir en la cúpula, siempre presenta una fachada

sólida, ya que el poder sirve como fuerza aglutinadora.

La oposición[150] debe ser tolerante con las diferencias endógenas, poner el acento en la comunicación directa con sus partidarios, con la ciudadanía en general y también con las bases del oficialismo, pero esta disposición no implica cambiar o aceptar

[150] "He señalado en muchas oportunidades que la oposición tiene que lograr una síntesis, una convergencia de la acción electoral y participar en los procesos electorales con todos los mecanismos que están establecidos en la constitución. Combinar la acción de calle con la participación en los actos políticos. La oposición necesita de las dos herramientas, son indispensables, porque solamente con una herramienta, la dirección política esta coja.

A su vez la oposición tiene que tener en cuenta que hay un sector del país que no le cree al gobierno y no le cree tampoco a ellos, entonces necesita tener también una apertura que permita conectarte con el oficialismo.

Es una especie de figura de tres cabezas, primero la acción política en la calle, participación de un proceso electoral y apertura, es decir, pintarle al chavismo la democracia desde el punto de vista de los demócratas". Profesor Vladimiro Mujica.

propuestas que atenten contra los valores y principios que se ha impuesto defender.

Criticar y cuestionar las acciones del gobierno es importante, pero es preciso tener programas, proyectos viables, que presenten alternativas concretas para solucionar los problemas que el gobierno ha sido incapaz de resolver.

Interpretar y desarrollar actividades contra un régimen despótico fundamentado en la legitimidad que otorgan los votos de unos comicios plurales y secretos, es sumamente complejo y ha de demandar una inventiva para la que los políticos de formación genuinamente democrática pueden no estar preparados.

Estos dirigentes y activistas están formados en la confrontación democrática, donde las reglas son básicamente iguales para todos los sectores, tanto, para los que ocupan el poder como para la oposición, por tanto la formación de estas personas los conduce a considerar a quienes contrarían sus propuestas y proyectos, como adversarios y rivales, pero nunca como enemigos, un grave error.

La mayoría de los que han hecho política o activismo social en una sociedad democrática -siempre hay depredadores y corruptos que son los que hacen posible las autocracias y dictaduras- son personas comprometidas con la paz social, con la gobernabilidad y en la procura de un entendimiento con sus adversarios por encima de las diferencias.

El compromiso de los políticos de convicciones democráticas es evitar traumas que afecten a la población. Fortalecer las instituciones del estado y la sociedad, asegurar la independencia de los poderes y procurar un equilibrio que beneficie a todos los sectores del país.

El político de formación democrática es partidario del diálogo o el debate, pero siempre en un ambiente de respeto y conciliación que permita a las partes, cuando termina la contienda electoral, trabajar juntos en la procura de beneficios para la comunidad que representan, sin que eso implique el fin de las desavenencias o desacuerdos.

Sin embargo, en el marco opositor, hay políticos y activistas sociales que aunque están igualmente comprometidos con los valores democráticos, son conscientes de que las dictaduras de terciopelo, legitimadas en el despotismo electoral, demandan soluciones diferentes que en muchas ocasiones exigen traspasar la precaria línea de legalidad que concede el régimen a los que se les oponen.

Comprenden casi instintivamente que las reglas de juego para enfrentar una autocracia legitimada por el voto y con capacidad de sobornar a la población manipulando sus necesidades más básicas, no son las mismas que se plantean una campaña electoral en la que los derechos de los contendientes son respetados.

Un político que siempre ha defendido este concepto es Alejandro Peña Esclusa[151] quien plantea que para enfrentar estos

---

[151] Precondiciones para la desobediencia . Para que la desobediencia logre la salida del Régimen, es necesario que cumpla varias condiciones, entre ellas las siguientes: 1. La desobediencia debe ser generalizada y simultánea. La desobediencia de unos cuantos no es desobediencia, sino rebeldía, y no trae consecuencia alguna. En cambio, cuando la desobediencia es generalizada, es decir, en múltiples lugares de cada ciudad importante, entonces es efectiva y demoledora. Existen alrededor de 7 millones de venezolanos adultos que se oponen al Régimen, pero con sólo 7 por ciento de ellos (aproximadamente 500.000 personas) bien organizadas es suficiente para lograr el efecto generalizado que se busca. Es importante que la desobediencia se active de forma simultánea, en todo el país, a fin de que el Régimen no tenga la capacidad de reprimirla. 2. La desobediencia debe ser organizada. A diferencia de la estrategia electoral, en la cual toda la gente puede cumplir las mismas funciones, la desobediencia requiere que cada persona asuma una función específica, acorde con sus afinidades y capacidades. Unos en propaganda, otros en operaciones, otros en los grupos de legítima defensa, otros en logística y así sucesivamente. 3. La desobediencia debe ser jerárquica. A diferencia de la estrategia electoral, en la cual la gente se distribuye horizontalmente, la desobediencia requiere de una estructura jerárquica y piramidal, donde exista un jefe para cada función y un jefe en cada zona, así como un único organismo a nivel nacional que planifique, convoque, y coordine la

regímenes populistas es necesario formar una organización jerárquica y piramidal, diferente al esquema horizontal que se usa en las contiendas electorales.

Señala Peña Esclusa que la mejor manera de producir el colapso del gobierno es activando miles de focos de resistencia en diferentes lugares del país y no concentrarlo en un solo punto, porque eso facilita la acción represiva de las autoridades.

Sobre la teoría de Alejandro Peña Esclusa la periodista venezolana Eleonora Bruzual expresó en una entrevista que le concedió al autor que " A Alejandro lo anuló un sector de la misma oposición, como están tratando ahora de anular, a Leopoldo López. Hubo una gran protesta que se llamó " Con mis hijos no te metas", y esa protesta fue un éxito. Hay que protestar, organizarlas y salir a las calles eso es de extrema importancia.".

---

desobediencia. El jefe no se impone arbitrariamente, sino que es elegido libremente con el consentimiento de la mayoría; pero una vez escogido, debe respetársele el mando que se le ha otorgado. 4. La desobediencia debe ser pacífica, pero debe incorporar el derecho a la legítima defensa. La desobediencia debe ser llevada a cabo de forma pacífica, pero cuando la Sociedad Civil es agredida arbitraria e injustamente, tiene todo el derecho a defenderse. Recomendamos replegarse ante los ataques de los cuerpos de seguridad, sobre todo porque estos tienen una mayor capacidad ofensiva; pero, en cambio, sugerimos defenderse ante las agresiones de los grupos irregulares del oficialismo, sobre todo cuando se tiene superioridad de condiciones. 5. La desobediencia debe ser no solamente civil, sino además ciudadana. El Artículo 333 de la Constitución establece que si la Carta Magna es violada "todo ciudadano, investido o no de autoridad, tendrá el deber de colaborar en el restablecimiento de su efectiva vigencia". Esto significa que no solamente los civiles están obligados a restaurar el estado de Derecho, sino también todos los demás ciudadanos, uniformados o no. 6. La desobediencia debe ser oportuna. La desobediencia es dinámica, se construye con el trabajo y el compromiso de todos, se diseña con los aportes que puede hacer cada quien. Para llevarla a cabo, primero se deben cumplir las condiciones arriba señaladas; luego se puede fijar el día, la hora y el mecanismo concreto de la desobediencia. Ha habido numerosas ocasiones que han justificado la aplicación del Artículo 350, como por ejemplo, el fraude cometido por el oficialismo el 15 de agosto de 2004, pero las condiciones no estaban dadas para convocar la desobediencia, puesto que la gente no se había organizado. De allí la necesidad de organizar cuanto antes redes de desobediencia en toda Venezuela.

Saben que la intervención de las instituciones asfixia a la oposición y que la disputa electoral está contaminada por el control que el ejecutivo ejerce sobre la rama del estado encargada de esa actividad, en consecuencia según el teniente José Antonio Colina, exiliado, el Artículo 350 de la Constitución autoriza a cualquier ciudadano venezolano, incluido los militares, con autoridad o sin ella, declararse en desobediencia civil legitima cuando el gobierno viola la constitución y las leyes que de ella derivan.

Las personas conscientes de esa realidad, están a favor de las elecciones pero sin confiar ciegamente en la imparcialidad de los jueces electorales, por lo que siempre están listos para demandar ante los tribunales las revisiones de los resultados, y en su defecto, exigir cívicamente por medio de manifestaciones y protestas, el respeto a sus derechos[152].

Tienen consciencia de que los medios de prensa han sido asfixiados y en consecuencia hay que buscar alternativas para informar y ser informados. Saben que se deben cultivar las más modernas redes sociales y divulgar, hacia el interior y el exterior, las transgresiones de los gobernantes.

Es determinante hacer conocer a los organismos internacionales lo que acontece en el país, pero nunca suponer que esas entidades o gobiernos foráneos solucionarán el problema. Deben asumir que los aliados que han establecido en el extranjero son espectadores solidarios, no más que eso.

---

[152] El político, y ex preso del régimen de Chávez, Alejando Peña Esclusa, promovió intensamente la aplicación generalizada de los artículos 333 y 350 de la Constitución bolivariana. Peña Esclusa considera que ni el Tribunal Supremo de Justicia ni el Consejo Nacional Electoral permitirán el fin del chavismo e insiste en que la única manera de lograrlo es a través de una campaña de desobediencia civil generalizada.

La preservación de la identidad política es vital. Los valores y principios se defienden sin concesión alguna, a la vez que se proponen soluciones viables a las dificultades que padece el país.

Para el dirigente estudiantil, en el exilio, Nixon Moren, uno de los problemas de la oposición ha sido, "La oposición venezolana ha pasado por distintas etapas uno de sus grandes errores es que siempre en sus decisiones ha tenido un peso enorme el cálculo electoral y este cálculo electoral ha hecho que sus estructuras, sus jefaturas políticas, sus liderazgos, sus mandos, que en su relación orgánica con las demás organizaciones políticas, ha estado siempre el cálculo de cómo se va a reflejar determinada conducta o decisión en el resultado electoral".

El liderazgo de este tipo de oposición debe contar con un temple especial. No se debe recurrir a la violencia, la violencia es un recurso del gobierno, pero no se debe tampoco estigmatizar a quienes recurran a ella. Esa es función del régimen. En todo caso, si la estrategia vigente lo sugiere, se debe reiterar que esa vertiente de la oposición rechaza la violencia en todas sus expresiones.

Un sector de la oposición de característica muy propias y con notable influencia en la sociedad han sido los militares venezolanos; ya fuere en condición de retiro o en activo han expresado públicamente su descontento con el chavismo.

La mejor muestra de la formación cívica de la mayoría de las fuerzas armadas nacionales se manifestó cuando un grupo de militares activos y retirados se pronunciaron en octubre del 2002 y por varios días, en la Plaza de Altamira[153], al este de Caracas.

---

[153] Testimonio del teniente de la Guarda Nacional de Venezuela, actualmente exiliado. José Antonio Colina, en entrevista concedida al autor." La protesta en la plaza Altamira, como manifestación pacifica fue productiva pero como manifestación de un grupo de militares descontentos, no cumplió con el objetivo y al final se traduce en un error. Un error que costo vidas humanas, un error que costo persecución y encarcelamiento de muchos militares que no lograron el objetivo que

Aquello fue un pronunciamiento de militares que expresaban su compromiso con la democracia sin tener que recurrir el cuartelazo, demostraban en un gesto sin precedente que los militares tenían sus opiniones, pero que no por eso destruían el ritmo constitucional. En la plaza[154] se reunieron varias decenas de oficiales demandando del gobierno el respeto a los derechos ciudadanos. También participaron millares de personas,

La oposición siempre debe estar dispuesta a mostrar el descontento públicamente[155] y a reclamar los derechos en las calles

---

era debilitar el piso militar de Hugo Chávez. Lo que originó fue la expulsión y salida de la institución de muchos militares, que a la larga, hubiesen podido dar un paso al frente para rescatar la libertad y la democracia de Venezuela".

[154] José Antonio Colina, en entrevista concedida al autor " Altos funcionarios militares, Generales de División, Generales de Brigada, participaron en el pronunciamiento, entre ellos, Enrique Medina Gómez, que era el de más alta graduación, General de División del Ejército, estaba el General de División del Ejercito José Félix Ruiz Guzmán, que había sido inspector General de la fuerza armada. Activos en este momento, estaban el General de División Carlos Rafael Alfonso Martínez, que había sido inspector de la Guardia Nacional y el General de División Felipe Rodríguez Ramírez que había sido jefe de operaciones de la Guardia Nacional, todos ellos en situación de actividad, junto con otros nueve altos funcionarios militares, se declararon en desobediencia legítima. A este pronunciamiento nos plegamos ciento treinta oficiales, la mayoría de ellos oficiales superiores en el grado de Teniente Coronel y Mayores, y muy pocos oficiales subalternos, solamente seis, oficiales subalternos en los grados de Capitanes y Tenientes, entre los cuales me encontraba yo. La protesta duró aproximadamente cinco meses y se fue desgastando en el tiempo, cuando no fue capaz de cumplir con el objetivo, que era inicialmente debilitar el piso militar del Hugo Chávez Frías. Después no hubo capacidad para liderar ni movilizar ni capitalizar aquella gran masa de civiles que hicieron presencia en la plaza, pensando que nosotros teníamos las herramientas y la fortaleza para derrocar el gobierno de Hugo Chávez".

[155] Para Nixon Moreno, la oposición tiene que incorporar a sus estrategias la Resistencia No violenta, una acción afirmativa de calle a la alternativa electoral", El dirigente estudiantil considera que . Dice Moreno: "pensar que a los movimientos totalitarios solo se enfrenta electoralmente es un error. Los movimientos de ese tipo suprimen de golpe o paulatinamente los derechos políticos. Convierte al ciudadano en soldado. Los partidos deben realizar un proceso de maduración interna no solo para prepararse en la lucha contra el régimen, sino también como preparación para relacionarse con otros actores políticos de la sociedad. Por ejemplo, cuando en el

cada vez que lo determinen las circunstancias. Son acciones que pueden tener graves consecuencias, pero la demanda pública es parte fundamental de los recursos con que cuenta la oposición.

Sin embargo, nunca se debe convocar a una protesta pública, manifestación, concentración u otra forma de expresión popular, sin evaluar debidamente las consecuencias. Tampoco convocar y ante presiones de las autoridades cancelar las acciones anunciadas, eso afecta profundamente la credibilidad de los convocantes.

Una función importante de la oposición es exigir al gobierno respetar a los gobernados y en particular a sus militantes. La ciudadanía debe sentirse protegida ante los abusos del poder.

Se debe reclamar justicia ante los abusos y respeto al concepto de la igualdad de todos los ciudadanos ante la ley. Los ejemplos de protestas no violentas, pero firmes, y la disposición a enfrentar cualquier peligro, son modelos contagiosos que prenden con fuerza entre los ciudadanos.

Por otra parte, en el caso de Venezuela hay que reconocer que la muerte de Hugo Chávez no afectó el fortalecimiento del régimen, porque aunque está enfrentando graves problemas, ninguno de ellos es consecuencia de una labor efectiva de parte de la oposición, sino por la ineficiencia y la corrupción existente en la cúpula del gobierno.

La realidad es que el sucesor de Chávez, Nicolás Maduro, un hombre con menos talento que su predecesor y con mucho menos arraigo popular, ha sido capaz de mantener la unidad de todas las facciones que sustentan su gobierno, y como colofón, los esfuerzos de la oposición por restarle legitimidad a su mandato no han tenido éxito.

2014 el movimiento popular había arrinconado parcialmente al régimen, algunos partidos políticos reaccionaron negativamente a lo que sucedía, haciéndole parcialmente el juego al gobierno". Entrevista con el autor.

La imagen de Maduro como gobernante legal de Venezuela se ha consolidado ante gobiernos extranjeros y hasta en sectores reducidos de la oposición, que hasta hace poco tiempo lo acusaba, de haber atropellado el estado de derecho al asumir la primera magistratura del país con carácter provisional y posteriormente al haber cometido fraude en las elecciones que disponía la Constitución.

No obstante, a pesar de los fracasos y desaciertos, la oposición venezolana está a la vanguardia en la lucha contra el Socialismo del Siglo XXI.

Al menos en América Latina no hay experiencias previas de cómo combatir una dictadura que recurre a la constitución y a los poderes públicos para destruir el país y asfixiar al ciudadano.

El régimen cubano es una dictadura sin matices, pero el de Venezuela aparenta que los ciudadanos pueden disentir, protestar y manifestarse como lo estime conveniente en el marco legal existente, pero la realidad es que las posibilidades de protestar se reducen hasta desaparecer, porque las fuerzas represivas, amparadas en un poder judicial sometido al ejecutivo, actúan en base a lo que la autoridad superior les dicta, sin violar la legitimidad que el gobierno se auto concede.

Son los venezolanos los que marcaran pautas en cómo enfrentar el despotismo electoral, por lo que de hecho el país se ha convertido en un campo experimental en la lucha legal y no violenta contra el Socialismo del Siglo XXI.

Los sectores de la oposición entre los que subyacen diferentes puntos de vista políticos y en consecuencia intereses distintos, están obligados a concertar proyectos y actuaciones que no permitan al gobierno su ilegalización, pero tampoco pueden hacer concesiones que la desdibujen y los lleven a perder su identidad.

Lo peor que podría pasar con el tipo de oposición que se está practicando en Venezuela, transparente y legal, es que sus líderes pierdan la confianza de la población, que los electores que se oponen al régimen pierdan las esperanzas y desistan de participar en la lucha por reivindicación de sus derechos conculcados.

La diversidad en la unidad es imprescindible. La lucha no violenta implica usar las leyes para la demanda de los derechos y a veces, como se apuntó con anterioridad, transitar por la cuerda floja de la legalidad del despotismo electoral y hasta tensarla si fuera necesario.

Recurrir a los derechos que otorga la constitución nacional en lo que atañe a actuar contra el gobierno sin violentar el estado, es una prerrogativa que implica riesgos pero también responsabilidades para con la militancia que los líderes deben estar dispuestos a correr.

Si la oposición venezolana logra instrumentar una estrategia exitosa contra el despotismo que reina en su país, será un precedente válido que puede servir, con las variantes de cada caso, a los sectores que en otras naciones enfrenten dentro de los márgenes legales el Socialismo del Siglo XXI.

La oposición debe ser muy cuidadosa si la situación política llega a demandar la gestión de un mediador, ya sea individuos u organización.

Si el presunto mediador tiene un historial de avenencia con el oficialismo, la oposición debe estar muy alerta. Las reuniones, encuentros o cualquier actividad deben realizarse con una absoluta transparencia para poder denunciar y exponer cualquier tipo de manipulación por parte del oficialismo.

Las primarias electorales son un ejercicio democrático muy difícil de cuestionar cuando se cumplen los principios de pluralidad y transparencia que hacen posible que todos los aspirantes a una posición puedan presentarse en igualdad de oportunidades, máxime si esas primarias tienen lugar en el marco de una coalición que reúne organizaciones y personas con diferentes proyectos, pero que se han asociados por un objetivo común.

Las elecciones primarias, en el sector de la oposición cuando se enfrenta un régimen como los gestados por el SSXXI, son imprescindibles, porque al estar la sociedad dividida, es necesario agrupar las fuerzas democráticas y presentar candidatos únicos en las diferentes posiciones que vayan a ser sometidas a elección popular.

Las elecciones primarias en cualquier país son importantes, pero mucho más, donde existe un control electoral como el que caracteriza el SSXXI

Quizás varias de las agrupaciones y personalidades que constituyeron inicialmente la Mesa de la Unidad Democrática en Venezuela, no hayan estado cien por ciento convencidas que los déspotas en el poder respetarían la voluntad popular si esta le fuera adversa, no obstante es importante demostrar que la oposición está comprometida con una salida electoral, y en consecuencia se debe preparar para lograr la victoria en las urnas como si esta fuera posible.

Los aspirantes deben representar en su conjunto el más amplio panorama del pensamiento político de la nación identificado con el pluralismo y la democracia, por lo que, aunque el escogido no cumpla con las expectativas de la totalidad de los electores, sí debe ser la persona más apta para representar la diversidad de criterios de un conglomerado plural en pensamiento, incluso de diferentes orígenes y compromisos políticos.

Más allá de los resultados y de las percepciones de cada quien, se debe apreciar que el ente aglutinador está comprometido en procurar un cambio político en el país por medios pacíficos y para eso recurre y promueve el único método que legitima cualquier autoridad pública: el voto ciudadano.

La constitución de la Mesa de la Unidad Democrática[156], integrada por la mayoría de los sectores contrarios al chavismo, fue una decisión inteligente si los factores que la conforman son capaces de asociarse totalmente en el proyecto común de desbancar la autocracia.

Antes de que se constituyera la MUD, se formó la Coordinadora Democrática[157], octubre del 2002, como una instancia de decisión y de discusión de la oposición, que involucraba, casi a partes iguales, a los partidos políticos y organizaciones de la sociedad civil. Llegó a agrupar aproximadamente cincuenta organizaciones de la sociedad civil.

La MUD[158] está compuesta por individuos y organizaciones que en algún momento rivalizaron y hasta fueron enemigos, pero

---

[156] Se constituyó en enero del 2008 por medio de un documento llamado Acuerdo de Unidad Nacional, pero según analistas, operaba de desde el 2006.

[157] Profesor Vladimiro Mujica. Directivo de Asamblea de Ciudadanos. Entrevista con el autor. " Como una manera de abrir espacio para que los partidos políticos pudieran empezar nuevamente a participar en la dirección de la oposición, porque el desprestigio de los partidos llegó al extremo que la dirección política del movimiento opositor la asumieron los sindicatos y la organización patronal Fedecámaras. Venezuela ha pasado por todos los estadios posibles. Después que el liderazgo de los Sindicatos y de Fedecamara se debilitó, se abrió el espacio para la Coordinadora Democrática. Entonces, digamos, no hubo un momento fundacional, yo no creo que ese sea el caso, sino más bien una transición de una forma de liderazgo de la oposición a otro. El primer encargado de la Coordinadora, el Secretario Ejecutivo, fue Enewis Pérez y después Enrique Mendoza".

[158] Testimonio del teniente de la Guarda Nacional de Venezuela, actualmente exiliado, José Antonio Colina. "El único acierto que le atribuyo es la idea original de tratar de mantener una plataforma de unión, y en segundo paso entender que hay que seguir luchando para derrocar, o para salir de ese régimen nefasto, pero opino que han tomado muchas decisiones equivocadas. También hay que reconocer que si no cambian la visión actual, el organismo la oposición seguirá desconectada de la realidad social de los venezolanos. Los resultados obtenidos no son satisfactorios. La

se han coaligado en un proyecto que busca sacar del poder al actual gobierno.

Cierto que en esta sombrilla de la oposición no están representados todos los que rechazan el chavismo. Hay quienes están convencidos que el gobierno nunca respetará la voluntad popular y que participar en elecciones cuando el ejecutivo tiene un control total de las instituciones es legitimar el régimen.

El esfuerzo para encontrar un camino común, por encima de las diferencias genuinas que se generan en todo organismo pluralista, junto a los siempre presentes egos y ambiciones, parte de nuestra condición humana, deben haber demandado de parte de los directores de esta sombrilla estratégica un talento y habilidad extrema para poder así concertar las diferencias en pro de la meta que les une.

Si una entidad unificadora logra seleccionar al candidato que cuenta con mayor respaldo popular, se está enviando un fuerte mensaje a los sectores de la oposición pero también a los indecisos, incluidos aquellos que aunque simpatizan con el gobierno, son capaces de reconocer que el país está enfrentando una seria crisis estructural en el aspecto económico y ético.

Un reto importante es hacer que los escépticos ejerzan su derecho al voto, ya sea porque tienen el convencimiento de que el régimen no respetará la voluntad popular, porque ha establecido mecanismos que escamotearán sus pareceres, o porque son

intención, repito, es buena, que es mantener a todos los grupos políticos y no políticos unidos, el problema radica en la forma como ejecutan las acciones. No toman en cuenta a todos los liderazgos del país, no se basan en una estrategia de movilización y de defensa de la voluntad del pueblo, no toman en cuenta a los grupos minoritarios. Creo que la ultima manifestación que convocó Leopoldo López tuvo tanta repercusión no solo porque está preso sino porque la MUD no apoyó la convocatoria. Creo que errores como ese es lo que ha hecho que la Mesa de la Unidad no haya podido cristalizar los objetivos, que son empujar o dar paso a una transición que nos lleve a la libertad y la democracia del país".

partidarios de una estrategia desestabilizadora en contra del gobierno.

Convencer a las personas que no confían en una vía electoral y en consecuencia favorecen la abstención, es difícil, pero más complicado aún es sacar de la frustración y el desencanto al sector de la población que desprecia la política y los políticos.

Ese es el gran reto. Convencer a los votantes a que vuelvan a creer en la política y los políticos. La mala gestión de los que nunca merecieron ser considerados servidores públicos ha generado una gran frustración entre los electores llevándolos a la abstención, se ha convertido en una amenaza a la democracia más letal, que el más sangriento de los dictadores.

Bibliografía

Subversión en América Latina. Ing. Juan M. Vivanco

Apuntes del general venezolano Ángel Vivas.

Subversión Marxista en Venezuela. Arpad Bango Stagel.

"El Día que Fidel Castro se apoderó de Cuba". Ramón M. Barquín. Editorial Rambar. San Juan. Puerto Rico. 1978.

Castro y las Guerrillas en Latinoamérica. Enrique Ros. Edición Universal. Miami.2001

Servicio de Inteligencia de Cuba Comunista. Pepita Riera. Miami. 1966

Operación Estrella. Melvin Mañón. Edición Universal. Miami.1989

Cuba, Mito y Realidad. Juan Clark. Saeta Ediciones. 1990.

La Política es Chévere. Alexis Ortiz. Instituto Democrático Interamericano. 2008.

Carlos Andrés Pérez. La Política es la vida. Alexis Ortiz. Ediciones Centauro.Venezuela.2008

La Porfía de Razón. Ediciones Memoria. Pedro Corzo.

Perfiles del Poder. Ediciones Memoria. Pedro Corzo

La subversión Castrista en América Latina. Ediciones Memoria. Pedro Corzo.

El recluta 51. Luis Vega. Edición Original. Miami 2014

La destrucción de las organizaciones magisteriales. Dr. Rolando Espinosa.

Corrutocracia y Neo comunismo. Héctor Carbonell Arenas. Miami. Rodes Printing.2009

La Miedocracia. Luis José Uzcategui. Editorial libros marcados. Venezuela 2011.

La Historia Inconstitucional de Venezuela 1999-2013. Asdrúbal Aguiar.2013. Academia Nacional de Derecho y Ciencias Sociales de Buenos Aires.

Bolívar en LLamas. Héctor Carbonell Arenas. Rodes Printing. Miami.2002.

Memorias de un Soldado Cubano. Dariel Alarcón Ramírez. Fabula Tusquet. Barcelona 1996.

Chávez, De Bolívar al narcoterrorismo. Nicolás Márquez. Argentina 2010.

Las Farc. Fracaso de un terrorismo. Eduardo Mackenzie. Bogotá, Colombia, 2007.

El Legado Maligno. Eudoro Galindo Anze. American Institute for Democracy. 2011.

Agonía de la Democracia. Carlos Raúl Hernández. Editorial Panapo. Caracas.2001

La Miseria del Populismo. Aníbal Romero. Editorial Panapo.Caracas.1996.

Verdades del Caso Anderson. Carlos Herrera y Marisela y Juan José Anderson.

Yo lo vi llorar. Capitán Otto Gebauerh. Agustín Blanco Muñoz. Cátedra Pio Tamayo. Caracas. 2009.

Debemos Cobrar. Ana Mercedes Díaz.2007.

De Verde a Maduro. Roger Santo Domingo. Debate. Bogotá. Colombia 2013.

Dictaduras del Siglo XXI. El caso ecuatoriano. Osvaldo Hurtado. Paradiso editores.Ecuador.2013.

Como Salvar a Venezuela del castro comunismo. Alejandro Peña Esclusa. Caracas. Ediciones Fuerzas Productivas.2005

Origen, Evolución y Consolidación de la Cuba Socialista.1959-1960.Dr. José Illán.

Asalto, Asesinato y Robo. Dr. José Illán.

En Nombre de los Pobres (los multiplicamos) Ángela Zago.

Entrevistas del autor a:

Horacio Medina. Ingeniero. Especialista petrolero. Abril 12-2015

Eleonora Bruzual. Periodista. Escritora. Julio 17-2015

Américo Martin. Analista político. Escritor. Julio 20-2015

Vladimiro Mujica. Profesor. Activista. Junio 13-2015

Thays Peñalver...Analista política. Junio 30-2015

Gisela Parra..Jurista venezolana. Mayo 13-2015

Gustavo Tarre Briceño. Jurista venezolano. Julio 16-2015

Nixon Moreno.....Dirigente estudiantil. Junio 21-2015

José Antonio Colina. Oficial de la Guardia Nacional de Venezuela. Abril 17-2015